Petite anthologie
des mots
rares et charmants

Daniel Lacotte

Petite anthologie des mots *rares et charmants*

Albin Michel

© Éditions Albin Michel, 2007

*Pour Dominique,
Guillaume et Mathilde.*

*À la mémoire de Jacques Prévert
qui sut guider mes premiers pas
avec une indulgence bougonne
que je n'oublierai jamais.*

*À la mémoire de Philippe Soupault
qui sut si gentiment poursuivre l'apprentissage
et qui m'encouragea à creuser le sillon.*

Abréviations utilisées

adj. : adjectif
adv. : adverbe
exp. : expression
loc. adv. : locution adverbiale
inv. : invariable
n. : nom
f. : féminin
m. : masculin
pl. : pluriel
s. : siècle
v. : verbe
tr. : transitif
intr. : intransitif
pron. : pronominal

Sommaire

A
Agitation, 15. Amitié, 16. Amour, 18. Argent, 23. Attendre, 25. Avarice, 26.

B
Banal, 31. Beau, 32. Beaucoup, 35. Boire, 37. Bruit, 46.

C
Cacher, 51. Caprice, 54. Chanter, 56. Cheval, 59. Cocu, 61. Colère, 62. Corps humain, 71. Couleur, 72. Coup, 75.

D
Danser, 77. Délicatesse, 78. Demoiselle, 79. Dénigrer, 80. Dérisoire, 81. Dessin, 82. Difficulté, 83.

Sommaire

E
Écarter, 85. Écrire, 87. Éducation, 95. Enfant, 97. Ennui, 99. Erreur, 100.

F
Fatigue, 103.

G
Gaspiller, 105. Générosité, 106. Gentillesse, 107. Gifle, 109. Grossier, 111.

H
Hésiter, 117. Homosexualité, 118. Honte, 118. Hypocrisie, 119.

I
Idiot, 123. Insolite, 132. Intellectuel, 135. Inutile, 136.

L
Laid, 139.

M
Maigre, 145. Malchance, 146. Malice, 147. Manger, 149. Marcher, 158. Mendier, 160. Mensonge, 161. Mourir, 165. Musique, 171.

O
Odeur, 173.

P
Paresse, 175. Parler, 176. Peur, 187. Police, 190. Précieux, 191. Prétentieux, 195.

R
Rire, 209. Ruse, 218.

S
Sale, 225. Santé, 226. Séduction, 227. Sexe, 231. Sommeil, 239. Sottise, 239. Souci, 242. Surprise, 243.

T
Timidité, 245. Tôt, 246. Trahison, 247. Tranquillité, 247. Travail, 249. Tristesse, 251.

V
Vent, 257. Vêtement, 258. Vieux, 264. Vivacité, 266. Voleur, 268. Vulgarité, 277.

Jeux de mots

Parfois le mot se rebiffe et refuse de donner un sens à l'écrit. Alors la phrase boitille, halète et s'embourbe. Puis le récit trébuche, chancelle et sombre avec son lecteur.
Ceux qui se sont un jour essayés à l'écriture savent que cet artisanat ne manque pas de chausse-trappes. Souvent, les premières tentatives s'enlisent, alors qu'il suffit de retrouver la jubilation des mots pour enflammer un texte. Car le verbe, humble fantassin de l'intelligence, ne songe qu'à réveiller les images assoupies au plus profond de lui-même. En fait, le mot ne cache qu'un seul espoir secret, mais fermement chevillé à la lettre : dessiner les contours d'une histoire. Au-delà du strass et des paillettes qui agressent notre lucidité, le mot veut hurler le silence de l'écrit.
Affronter la page blanche se traduit invariablement par une savante culture du doute qui, à la fois pernicieux et stimulant, s'immisce dans la

moindre phrase. Aussi faut-il une attention de tous les instants pour s'assurer de la justesse d'un propos. Et à l'heure où beaucoup ne communiquent plus que par abréviations et onomatopées, sortes de borborygmes de l'esprit qui traduisent les éthérées flatulences d'une pensée déliquescente, il convient d'affirmer haut et fort que notre langue possède d'infinies richesses qui méritent un petit coup de projecteur. Non pas pour prétendre bêtement que c'était mieux hier, mais pour mettre en lumière une autre facette de notre patrimoine. Certains cherchent avec une bien légitime passion de vieilles pierres et d'ancestraux squelettes, alors pourquoi ne pas aussi traquer les mots enfouis au plus profond de notre histoire ? Ces fouilles n'ont qu'un seul objectif : éclairer le présent sans jamais chercher à sacraliser le passé.

Toutes ces raisons m'ont conduit à mener une chasse pacifique au mot, sous toutes ses formes et dans tous ses états. Qu'il soit bon, gros ou petit, sémillant, évocateur, expressif, composé, aberrant, insensé, voire extravagant, vivant, vieillot, incongru, dodu ou pointu, persuasif, séducteur, décisif, absurde ou imagé, le mot donne un sens à l'écrit et, par conséquent, il produit aussi parfois du non-dit. Dès lors, il suffit de se lancer dans l'aventure en se laissant guider par de savoureuses lectures, crayon et carnet à portée de main. Mais attention ! Subrepticement perché sur la pointe d'un jambage sournois ou confortablement dissimulé derrière une arrogante hampe en extension, ce fourbe mâtiné de fripon vous fauche en pleine lecture. Et là, soudain, seul compte l'enchantement du verbe qui cherche un sens à sa vie pour éclairer notre destin.

Vient ensuite le moment tant attendu de distiller au mieux les produits de la récolte au fil de nos récits. Pourtant, alors qu'on le croyait pris au piège, passif et sans défense il arrive que le mot se cabre. Reste à le dompter, à l'amadouer, mais aussi à le pétrir avec doigté en se gardant bien de le trahir. Et en sachant que l'écrit, inlassablement, cherche à empêtrer tout auteur dans la tourmente du langage.

Idéal coupable de tous les maux, le mot se cache, glisse, s'échappe et vous nargue, mais il n'avouera jamais avoir fait saigner le langage avant d'embraser la culture des idées. En définitive, ce fidèle témoin d'un dialogue enthousiaste n'a qu'un seul désir : concilier souffle et cendre.

Car l'écrit porte en lui la vie et la mort, l'ombre et la lumière, la braise et la poussière. Bref, le monde grouille dans chaque mot. Et le verbe en feu tente de déchirer l'espace qui attend au coin des feuilles souillées d'encre tremblante. Ceux qui savent percer l'hermétisme de la parole y surprennent toujours un enivrant discours et ils perçoivent que certains mots, bien choisis, apaisent l'âpreté des jours ordinaires. Reflet d'une bataille, lieu d'une victoire, écorchure d'une passion, le silence de l'écrit fulgure. Malade des frontières de son champ et limité par la puissance de son chant, il sait enflammer d'ardentes images qui s'empressent de nourrir un joyeux cercle d'otages consentants : ceux-là mêmes qui échappent à la torture de la médiocrité et savent que le temps suffit au destin de la parole.

Tandis que l'innocence du verbe implore le pardon, l'écrit reste notre unique et ultime compagnon d'infortune ou d'errance.

Agitation

Capricant(ante), (adj., XIXe s.).
Appartenant à la classe des mammifères, ordre des artiodactyles (sabots à nombre pair de doigts), famille des bovidés, sous-famille des caprinés, la chèvre est du genre *Capra*, racine que l'on retrouve dans le mot capricant. Particulièrement agile, l'animal évolue avec aisance sur les corniches étroites et les à-pics escarpés. La chèvre grimpe, saute, effectue des bonds entre les rochers. À son image, un personnage capricant ne tient pas en place, il sautille, gambade ou fait des mouvements vifs, nerveux, saccadés.

Aller du grenier à la cave (exp., XVIIe s.).
Par nature, les instables ne savent pas rester en place. Ils déménagent sans cesse, changent d'employeur, de partenaire, d'amis. Seuls de

nouveaux lieux ou des têtes inconnues leur donnent le sourire. Dans un autre registre, un individu qui affiche des performances inégales exprime lui aussi cette attitude changeante liée à une notion de précarité. Et puis, il y a aussi les versatiles, les inconstants et les lunatiques, sans oublier tous ceux qui changent d'avis comme de chemise. Les uns comme les autres vont du grenier à la cave.

AMITIÉ

Accointance (n. f., XIIe s.).
Que ce soit dans les divers aspects de la vie familiale, affective, amicale, professionnelle ou culturelle, mais aussi lors d'activités sportives, ludiques ou touristiques, certaines personnes développent une multitude de contacts qui peuvent engendrer de solides accointances. Il s'agit là de relations privilégiées, toujours de haut niveau, susceptibles de déboucher sur des avantages ou des intérêts multiples et variés.
Celui qui entretient des accointances dans un secteur précis parie sur l'avenir et sur les retombées bénéfiques de telles relations. En conséquence, il existe un incontestable calcul dans la notion d'accointance. Raison pour laquelle on entend généralement parler d'accointances avec des hommes puissants, avec la police ou avec de hauts fonctionnaires de tel ou tel ministère. Car

elles se conjuguent toujours auprès de personnages qui détiennent un véritable pouvoir.
Le mot prend une connotation péjorative lorsqu'il est associé à des relations peu recommandables, voire suspectes ou douteuses (prostituées, malfrats, escrocs). Sans oublier les accointances avec les forces occultes et le diable, qui envoyèrent au bûcher des milliers d'innocents entre 1480 et 1680.
Quant au verbe s'accointer, il ne fut que rarement utilisé. Par exemple, des collègues s'accointent lorsqu'ils entretiennent une relation solide et durable.

Grâce à ses accointances avec la directrice des ressources humaines, Robert avait décroché sans difficulté une mutation pour la Californie.

Entregent (n. m., XVe s.).
Évoluer avec aisance dans des cercles influents afin de nouer des relations privilégiées pour en tirer un avantage futur demande un savoir-faire certain qui ne sied pas à tous. L'ambitieux qui navigue ainsi avec habileté dans les rouages de la société manie à merveille l'entregent. Il se conduit avec tact et délicatesse « entre les gens », en vue de prendre des contacts qu'il fera ensuite fructifier. L'entregent garantit la mise sur orbite de solides accointances (voir p. 16).

AMOUR

Assoter (v. tr., XIIe s.).
Un hobby envahissant, un amour passionné ou une affection démesurée font souvent perdre le sens des réalités. L'individu touché par ce délicieux état second habite sur un petit nuage. Rien ne semble pouvoir l'atteindre et son comportement évolue parfois vers une espèce de niaiserie latente, vers une sorte de folie douce. Le verbe assoter exprime parfaitement cette sensation qui envahit une personne troublée par une passion excessive. Cet engouement exagéré la rend un peu sotte.
Mais ce verbe s'emploie essentiellement à la forme pronominale dans le sens de s'amouracher, de s'enticher d'une dévorante passion pour quelqu'un ou quelque chose.

Sa collection de porte-clés avait fini par assoter ce brave Robert.

Il ne fallut que quelques semaines à Marie-Chantal pour s'assoter du sémillant Robert.

Dilection (n. f., XIIe s.).
Préférence secrète, inconsciente ou inexplicable, la dilection relève de cette profonde attirance (tendresse ou affection), à la fois obscure, confuse et intuitive, qu'il nous arrive parfois d'éprouver pour une personne (voire une chose ou un lieu).

Au Moyen Âge, le terme s'emploie essentiellement dans le domaine religieux pour qualifier un attachement strictement spirituel. Par exemple, pour évoquer l'amour que tout chrétien doit porter à son prochain ou que tout curé s'attache à entretenir à l'égard de ses paroissiens. Par extrapolation, la dilection ressemble à une sorte d'amour platonique.

Bien qu'ayant suivi des études scientifiques, Robert éprouve une profonde dilection pour la littérature.

Passade
Voir *Caprice*, p. 54.

Avoir le béguin pour quelqu'un (exp., XVIIIe s.).
À l'origine un bonnet dont les jeunes mères en extase affublent leur progéniture, le béguin reste essentiellement accolé aux religieuses belges et néerlandaises. Dans leur lieu de vie communautaire (béguinage), les béguines portaient cette coiffe caractéristique qui s'attache sous le menton grâce à un lacet. Ce couvre-chef devint ensuite un accessoire à la mode pour les élégantes demoiselles du moment.
À ce stade, il convient de rapprocher l'évocation du chapeau à la locution suivante (XVIe s.) : se coiffer d'une femme, formule qui exprime la passion brûlante. Avoir le béguin (ou, plus simplement, être coiffé) illustre donc la flamme amoureuse que l'on éprouve pour une personne du sexe opposé. Au XVIe siècle, on disait même :

« avoir le béguin à l'envers ». Jolie formule que ce chapeau retourné qui illustre bien la sensation de tournis, de vertige et de fièvre qui prévaut quand on a le cœur à l'envers.

Battre la chamade (exp., XIXe s.).
Le trouble que provoque un regard, une voix ou un parfum et qui se prolonge en une profonde émotion appartient à ces intenses et trop rares moments de l'existence. En ces instants magiques qui assèchent la gorge et serrent le cœur, le muscle qui propulse le sang jusqu'aux tempes enfiévrées cogne et résonne lourdement dans la poitrine, tandis que l'esprit, lui, ne raisonne plus guère !
À l'origine, la chamade correspond à un son et à un rythme précis de tambour ou de trompette. Ce signal guerrier très caractéristique propose une sorte de trêve qui permet d'envisager une discussion avec l'ennemi. Évidemment, celui qui bat la chamade se trouve rarement en position de force et il envisage généralement de capituler sans conditions. Tout comme ce cœur énamouré qui bat la chamade et ne demande qu'à s'abandonner aux feux brûlants qui l'assaillent.

Donner dans l'œil (exp., XVIIIe s.).
Appréciée des séductrices de la bourgeoisie clinquante, cette tournure, très à la mode dans les salons, ressemble alors à une sorte de tic de langage. Ces dames parlent ainsi d'une personne

ou d'une chose qui leur plaît beaucoup. Un siècle plus tard, la reformulation prendra une connotation nettement plus amoureuse : taper dans l'œil.

Être la coqueluche de quelqu'un (exp., XVIIIe s.).
Chacun entend déjà derrière le mot coqueluche les terribles quintes d'une toux convulsive que provoque cette maladie de l'enfance. Une toux très caractéristique qui ressemble d'ailleurs au chant du coq. Il n'existe toutefois aucune relation entre cette affection contagieuse et la tournure qui nous occupe. Il s'agit d'une autre affection, bien plus agréable celle-là, même si elle enflamme souvent le cœur et se révèle très contagieuse. Car être la coqueluche de quelqu'un exprime des notions de passion, d'admiration, de préférence (par exemple, un amant fougueux est la coqueluche de sa dulcinée).
Dès le XVe siècle, la coqueluche désigne aussi un bonnet (coque, coquille, coiffe). Les dames apprécient tout particulièrement cette espèce de capuchon qui devient l'indispensable accessoire des tendances vestimentaires du moment. Or, celui qui tombe follement amoureux se coiffe d'une femme (voir p. 19). Plus simplement, on dit qu'il est coiffé. Et l'on retrouve alors la notion d'ardeur, de flamme, de ferveur et d'attachement qu'illustre la formule être la coqueluche de quelqu'un.

Faire des yeux de merlan frit (exp., XIXe s.).
L'œil et le regard ont toujours tenu une place importante dans la communication entre les humains. Qu'il s'agisse de manifester son approbation à quelque propos ou, au contraire, d'exprimer un vif désaccord avec son interlocuteur, l'échange peut se dérouler dans les deux cas sans que le moindre mot soit prononcé.
Dans la très large palette de sentiments que peut traduire un regard, l'amour tient bien évidemment une place de choix. Et les formules qui utilisent le mot œil ne manquent pas. Il y a deux expressions toutes simples qui nous viennent du XVIIe siècle : faire de l'œil et faire les doux yeux. Plus élaborée, la tournure jouer de la prunelle (début XVIIIe) s'applique plus spécifiquement à la coquette qui essaie d'aguicher un homme. Enfin, au XIXe siècle, l'œil en tirelire désigne un regard à la fois amoureux et provocateur.
Quant à nos yeux de merlan frit, ils s'appliquent à des amants au bord de la pâmoison, comme paralysés par l'intense émotion qui les étreint dès qu'ils se voient. Dans la mesure où les amoureux plongent puis se noient dans les quinquets ébaubis de leur partenaire, la référence au poisson prend ici toute sa place (on disait parfois des yeux de carpe frite).
Au XIXe siècle, toujours en relation avec cette notion d'eau, l'œil marécageux désigne un regard

langoureux, à demi noyé par les larmes de l'émotion.

ARGENT

Frusquin (n. m., XVIIIe s.).
Le pauvre bougre qui a perdu tout son frusquin se retrouve dans une situation fort délicate puisqu'il n'a plus rien. En effet, le frusquin correspond à l'ensemble des biens (argent, placements financiers et immobiliers, meubles, vêtements, œuvres d'art, etc.) que possède un individu ou une famille. Placée à la fin d'une énumération, l'expression « et tout le saint-frusquin » signifie « et tout le reste ».
Voir aussi *Frusques* dans la rubrique *Vêtement*, p. 259.

Avoir du foin dans ses bottes (exp., XVIIe s.).
À l'instar du paysan qui peut se permettre de placer un peu de paille dans ses sabots pour s'assurer un minimum de confort, celui qui a du foin dans ses bottes a acquis une incontestable aisance financière.
Mais l'expression n'a pas seulement le sens général qu'on lui donnera deux siècles plus tard (à savoir vivre dans l'opulence). De façon beaucoup plus précise, elle s'applique d'abord à un individu d'origine modeste qui a bâti une

imposante fortune grâce à son courageux travail, et non pas par le truchement d'un héritage.

Manger la grenouille (exp., XVIIIe s.).
Point de batracien dans l'histoire. Sauf que la grenouille en question correspond à une tirelire qui se présente sous les traits de l'animal (aujourd'hui, ce serait plutôt le cochon qui symbolise la notion d'épargne). Quoi qu'il en soit, le contenant valant pour le contenu, la grenouille a donc pris le sens de biens divers et variés, voire de patrimoine et de fortune. Le terme a même été utilisé pour évoquer la caisse d'un magasin.
Manger la grenouille peut donc s'appliquer à un voleur (ou à un collaborateur indélicat) qui part avec la caisse. Mais l'opulent bourgeois qui dilapide sans compter ses richesses mange lui aussi la grenouille. Enfin, la formule concerne également le commerçant prospère qui sombre dans la faillite, faute d'avoir géré sérieusement ses affaires.

Mordre à la grappe (exp., XVIIe s.).
Le mot grappe symbolise ici l'abondance matérielle. Et, par extension, la prospérité. La personne qui mord à la grappe profite donc sans entrave de tous les plaisirs de l'existence. Elle baigne dans l'euphorie, l'opulence et la profusion de biens. Soulignons que la tournure semble chargée d'une connotation positive. En

effet, la communauté villageoise n'exprime aucune jalousie face à quelqu'un qui mord à la grappe. Comme s'il méritait sa revanche après avoir connu une période néfaste. Pour exprimer une idée comparable, mais teintée d'une nuance de quiétude, on entend aussi à la même époque : vivre des jours filés d'or et de soie.

ATTENDRE

Lanterner (v. intr., XVIe s.).
Ceux qui lanternent perdent leur temps à moult petits riens et élèvent l'hésitation, l'atermoiement ou la tergiversation au rang d'un art parfaitement maîtrisé. Autrement dit, ils préfèrent temporiser avant de passer à l'action. À l'origine, le terme ne s'appliquait pas seulement aux indécis de service, mais plutôt aux trublions goguenards qui aiment à raconter des fadaises (voir p. 241). Ce qui, obligatoirement, contribue à prolonger les discussions. Utilisé à la forme transitive, faire lanterner quelqu'un signifie le faire attendre.

Comme tout amoureux transi qui se respecte, jamais Robert ne fit lanterner Marie-Chantal.

Croquer le marmot (exp., XVIe s.).
Disons-le tout net, il ne s'agit en aucune manière de dessiner (esquisser, ébaucher) une silhouette de gamin sur un support quelconque.

Et encore moins de mordre un bambin ! Le verbe croquer correspond ici à sa plus ancienne acception : frapper d'un coup sec, voire cogner (croquer des aliments résistants produit effectivement de petits bruits secs). Quant au marmot, il désigne un heurtoir de porte (représentant parfois une figurine grotesque). Croquer le marmot illustre donc le geste tout simple qui consiste à frapper le vantail d'une porte à l'aide du heurtoir réservé à cet effet.

Par extension, l'expression s'applique à celui qui attend indéfiniment un événement fort envié qui ne survient jamais. Ce sens figuré tendrait à prouver que les domestiques ne se précipitaient pas toujours pour ouvrir la porte au visiteur qui avait cogné le heurtoir.

AVARICE

Fesse-mathieu (n. m. inv., XVIIe s.).
Par définition, l'usurier ne prête pas de l'argent gratuitement ! Il applique sur le total des sommes versées un taux d'intérêt qui lui sert de rémunération. Ce qui prévalait au Moyen Âge a toujours cours aujourd'hui : le montant remboursé est forcément supérieur à la somme reçue ! Car les agios s'ajoutent au capital perçu. Sauf que certains usuriers sans scrupules profitent parfois de la situation désespérée – mais aussi de la naïveté – de leurs concitoyens pour

exiger des taux d'intérêt excessifs qui dépassent largement les capacités de remboursement de l'emprunteur.

Le terme fesse-mathieu sert à qualifier ces usuriers indélicats et voraces qui pratiquent des tarifs prohibitifs en capitalisant sur l'endettement des plus démunis. Ce mot composé a été fabriqué à partir du verbe fesser (battre en donnant des coups sur les fesses) et de Matthieu (saint patron des changeurs). Au sens propre, le fesse-mathieu serait donc prêt à cogner sur saint Matthieu pour obtenir de l'argent. Au sens figuré, on aura compris qu'il se permet tout et n'importe quoi, y compris de fixer des agios insensés, pour amasser une colossale fortune.

Pendant son enfance, Robert entendait souvent son père parler d'un notaire qu'il qualifiait de fesse-mathieu. Il comprit plus tard que le bonhomme ne frappait pas les gamins prénommés Mathieu, mais qu'il grugeait les paysans crédules.

Grigou (n. m., XVIIe s.).
Personnage fort habile, le grigou déploie souvent une énergie considérable pour échafauder maintes combinaisons qui lui permettront de dépenser le moins d'argent possible. Sorte d'avare professionnel rompu à toutes les subtilités de la mesquinerie, il s'applique à vivre aux dépens de ses semblables avec plus ou moins de bonhomie.

En bon grigou soucieux de ne pas écorner son bas de laine, Robert s'arrangeait toujours pour ne pas payer l'addition.

Grippe-sou (n. et adj. inv., XVIIe s.).
Locution construite à partir du verbe gripper qui, dans une acception du XVe siècle, signifie attraper prestement, saisir avec agilité. Le grippe-sou s'apparente au rapiat, qui a la particularité d'amasser de toutes petites économies.

Ce vieux grippe-sou de Robert ne laisse jamais le moindre centime de pourboire.

Pince-maille (n. m. inv., XVIIe s.).
En usage sous les Capétiens (X^e-XIVe s.), la maille qui forme ce mot composé n'a aucune relation avec le tricot, pas plus qu'avec les petits anneaux métalliques qui forment une armure (cotte de mailles). En fait, il s'agit d'une monnaie qui équivaut alors à un demi-denier : la plus petite valeur monétaire officielle en circulation. Autant dire pas grand-chose. Pourtant, malgré la modeste cotation de la maille, le pingre s'accroche à cette menue monnaie et il accorde à l'objet autant d'importance qu'à toutes les autres pièces.
L'avare, le rapiat ou le radin tire profit de la moindre devise qui lui passe entre les doigts : il se comporte en pince-maille. Pour qualifier ce genre d'harpagon fort peu fréquentable, on

disait à la même époque : « il écorcherait un pou pour en avoir la peau ».

Pingre (n. et adj., XVe s.).
Désigne un radin franchement désagréable et prêt à toutes les bassesses pour économiser trois sous. Il manque au pingre la finesse et l'imagination fertile du grigou (voir. p. 27).

Pleure-misère (n. inv., XVIIIe s.).
Autre genre d'harpagon particulièrement agaçant qui possède la particularité de se plaindre sans cesse de sa condition (de ses revenus) en vue d'obtenir ici ou là quelques menus avantages.

Crier famine sur un tas de blé (exp., XVIIe s.).
Chacun comprendra le sens premier de cette locution proverbiale. Elle illustre parfaitement le comportement égoïste d'un riche paysan qui se plaint des vicissitudes de son métier alors qu'il vit dans l'opulence. Mais cette acception n'a été que peu usitée. Elle possède une nuance cachée qui en fait toute l'originalité. En fait, celui qui crie famine sur un tas de blé ressemble plutôt à un anxieux chronique. Le genre de cultivateur à paniquer la communauté villageoise en annonçant de mauvaises nouvelles à propos des futures récoltes laissant donc présager de modestes rentrées d'argent.

Se sauver par le cul de sa bourse (exp., XVIIe s.). Un aristocrate ou un bourgeois fortuné n'a généralement aucune difficulté à se sortir des situations délicates qui vaudraient pourtant moult turpitudes au misérable tâcheron. Car l'argent permet bien des arrangements pour régler à son avantage les conflits et pour alléger ses soucis quotidiens. Rien de plus facile que d'allonger quelques billets corrupteurs. Par exemple, pour monnayer des privilèges injustifiés ou pour acheter une sécurité menacée, mais aussi pour décrocher sans peine des fonctions (titres, avantages ou prérogatives) que d'autres obtiennent au terme d'un travail vertueux ou après de fastidieuses et multiples démarches. En conséquence, il n'y a rien de bien reluisant à se sauver par le cul de sa bourse.

Banal

Rocambole (n. f., XVIIIᵉ s.).
Dans le vocabulaire des botanistes du XVIIᵉ siècle, la rocambole fut d'abord une variété d'ail à gros bulbe de couleur rouge. Cette plante de la famille des liliacées, cultivée dans les régions méditerranéennes, se rangeait donc dans le vaste éventail des condiments. Et comme elle servait à émoustiller les papilles en relevant d'une pointe vivace le goût des plats sans saveur, le mot s'enrichit un siècle plus tard d'une acception figurée que l'on employait pour exprimer l'attrait piquant d'une chose. Enfin, une nouvelle dérive fera de la rocambole une chose futile, un objet sans valeur, une marchandise de mauvaise qualité, voire démodée.

Il suffit parfois de quelques bijoux de pacotille et de modestes rocamboles pour tourner la tête de Marie-Chantal.

Rogaton (n. m., XVIIᵉ s.).
Le mot semble prendre son origine chez les religieux de certains ordres mendiants qui portaient des reliques au cours de leurs déambulations.
Dans tous les cas de figure, le mot désigne une chose de piètre valeur marchande ou artistique. Qu'il s'agisse d'un livre, d'un écrit ou d'un objet, le rogaton ne mérite *a priori* aucune attention particulière, notamment pour ceux qui affectionnent élégance et raffinement ou pour ceux qui se piquent de culture.
Au pluriel, les rogatons désignent les restes d'un plat ou d'un repas qui peuvent néanmoins suffire à calmer la faim ou à composer un nouveau plat (hachis, etc.).

Robert mettait tous les rogatons de Marie-Chantal à la poubelle.

Marie-Chantal, qui avait longtemps hésité entre plusieurs tenues, arriva trop tard au dîner et elle dut se contenter des rogatons.

Beau

Adoniser (v. tr. ou pron., XVᵉ s.).
Passionnément aimé par Aphrodite (déesse de l'Amour), mais aussi par Perséphone (la reine des Ombres), Adonis devint le symbole de la mort et de la résurrection de la nature sans cesse renouvelées. Il évoque la végétation qui renaît

perpétuellement à la vie et à l'amour. Chez les Phéniciens, Adonis représentait le principe mâle de la reproduction. Et cette divinité grecque incarna finalement la beauté parfaite.
Directement dérivé d'Adonis, ce verbe adoniser exprime la recherche raffinée à l'excès de celui qui ne recule devant rien pour atteindre la perfection esthétique. Adoniser s'employait d'ailleurs essentiellement à la forme pronominale pour désigner un personnage masculin qui prend soin de se parer de façon charmante, gracieuse, soignée, coquette, élégante et distinguée, parfois de façon extrême. On disait donc d'abord : se parer à la manière d'Adonis. Puis, plus simplement, s'adoniser (par exemple, pour sembler plus jeune).

Robert ne manquait jamais une occasion de s'adoniser pour plaire à Marie-Chantal.

Bellot(te) (n. et adj., XVIe s.).
Un adorable bambin aux traits fins et réguliers qui, de surcroît, se conduit auprès des adultes avec gentillesse et amabilité se range dans la catégorie des bellots. Diminutif évident de beau, le terme peut être considéré, dans son acception courante, comme un synonyme de mignon. Et dans ce cas précis, bellot exprime manifestement une nuance affective. En revanche, lorsque le substantif s'emploie de façon ironique et péjorative, il désigne cette fois un bellâtre, c'est-à-dire

un homme au physique agréable, mais sot et pédant.

Au dire de ses parents, Robert avait été un adorable bellot pendant sa tendre enfance. Fort heureusement pour lui, il ne le resta pas à l'âge adulte, ce qui aurait fort déplu à Marie-Chantal.

Girond(e) (adj., XIXe s.).
Familièrement, ce mot se conjugue surtout avec la gent féminine pour qualifier une accorte jeune femme, charmante, affable, avenante et plutôt jolie. Au fil du temps, le sens a gentiment dérivé : une donzelle gironde affiche volontiers des formes plantureuses. Une connotation que l'on peut probablement rattacher au latin *gyrus* (cercle) ou *gyrare* (faire tourner en rond).
Il ne faut pas confondre avec le terme giron (n. m., XIIe s.), qui désigne la partie d'une marche sur laquelle on pose le pied, mais aussi un pan de vêtement taillé en pointe. Enfin, le giron fait également référence à un environnement sécurisant dans lequel on se sent protégé.

Robert ne pouvait tomber amoureux que d'une jouvencelle gironde.

Élevée dans le giron de la bourgeoisie provinciale, Marie-Chantal ne manque pas d'entregent.

Beaucoup

Moult (adv., Xe s.).
Lorsqu'il précède un adjectif, moult signifie très, fort ou bien. Mais si le mot suit un verbe ou précède un substantif, il prend cette fois le sens de beaucoup ou d'énormément.

Robert aime à dire, non sans une certaine affectation, que la vie est moult drôle.

Quelles que soient les circonstances, personne ne sait empêcher Marie-Chantal de parler moult. Une attitude qui agace profondément Robert et qui ne manque pas de provoquer moult disputes.

Prolifique (adj., XVIe s.).
Un animal prolifique se multiplie rapidement. Il prolifère, à l'instar de certaines espèces comme les lapins, les rats et les puces (pour sacrifier au stéréotype).
Cet adjectif sous-tend ainsi une intense activité féconde que l'on retrouve au sens figuré pour qualifier un artiste (écrivain, cinéaste etc.) qui produit une œuvre abondante. En aucun cas le terme ne recèle de nuance péjorative. Prolifique se rapproche donc d'ubéreux (voir p. 36). En revanche, il ne faut surtout pas le confondre avec prolixe (voir p. 36).

Robert apprécie à sa juste valeur l'œuvre prolifique de Victor Hugo. Mais au cours de débats passionnés entre amis, une question cruciale demeure : certains textes du poète ne sont-ils pas prolixes ?

Prolixe (adj., XIVe s.).
Contrairement à ce que l'on entend trop souvent ici ou là, il n'y a rien de positif dans le fait de qualifier un écrivain de prolixe. Bien au contraire, puisque cet adjectif possède une connotation péjorative très prononcée. En effet, un discours, un texte ou un orateur prolixe se perd en circonlocutions, détails, digressions, périphrases et détours. Pour être bien clair, un tel auteur se complaît dans le verbiage, l'amphigouri, le galimatias ou le salmigondis (voir tous ces termes dans la rubrique *Écrire*, p. 87). Il convient donc de ne pas confondre prolixe et prolifique (voir p. 35). Par analogie et dans un contexte très littéraire, le terme évoque l'abondance et l'exubérance. Mais, là encore, avec une nuance péjorative. Ainsi pourrait-on parler d'un salon aux prolixes dorures.

Robert déteste tous les discours politiques, par définition prolixes, vides, pompeux et fumeux.

Ubéreux(se) (adj., XIXe s.).
Une production intellectuelle, surtout littéraire, sera qualifiée d'ubéreuse lorsque son auteur écrit et publie énormément d'ouvrages. Mais attention, contrairement à l'adjectif prolixe (voir plus haut), ce mot ne recèle aucune connotation péjorative. Bien au contraire. En effet,

le public apprécie la richesse d'une œuvre de grande ampleur produite par un écrivain (cinéaste ou orateur, etc.) ubéreux.

Robert apprécie l'œuvre ubéreuse de Woody Allen.

Boire

Chasse-cousin (n. m. inv., XIXe s.).
L'hôte qui reçoit à sa table en servant une bouteille de chasse-cousin ne porte pas ses invités en haute estime, puisqu'il se contente de leur offrir du très mauvais vin. Comme pour les voir déguerpir au plus vite.

Même pendant les périodes de vaches maigres, Robert met un point d'honneur à boire chaque soir un verre de bon bordeaux. Et jamais il ne sert de chasse-cousin à ses amis.

Galope-chopine (n. m. inv., XIIIe s.).
Ancienne mesure correspondant à la moitié d'un litre, la chopine s'associe ici à un verbe employé comme synonyme de courir de côté et d'autre. Ainsi, le galope-chopine court de bar en bar, en perdant le moins de temps possible. Se précipitant dans tous les estaminets du village pour étancher sa soif, il galope après les chopines.

Gobelotter (v. tr. ou intr., XVIIe s.).
Au soir d'une belle journée d'été, l'accablante chaleur s'estompe lentement quand une douce

brise de mer, fraîche et légère, vient par intermittence vous balayer innocemment le visage. La lumière faiblit, le silence s'installe et les moustiques partent en repérage. Voilà un moment rêvé pour gobelotter un verre de bon vin. Autrement dit, pour déguster à petits coups (et avec modération) sa boisson préférée. L'estivant qui gobelotte ainsi apprécie à sa juste valeur la qualité de son breuvage et ne tombe donc pas dans l'excès.

En revanche, dans un emploi intransitif, ce verbe a ensuite pris une connotation familière et quelque peu débraillée. Ainsi dit-on d'un pochard qu'il passe son temps à gobelotter, c'est-à-dire à picoler ou à biberonner. D'ailleurs, le mot gobelotteur devint synonyme d'ivrogne (alcoolique, noceur).

À l'évidence, le terme semble avoir dérivé de gobelet, lui-même issu de gubulet (XIIIe s.).

Pochard(e) (n. et adj., XVIIIe s.).
Dans la grande famille disparate et bigarrée des amoureux de la dive bouteille, il y a ceux qui savent garder une parfaite tenue physique et vestimentaire à mesure qu'ils s'imprègnent pourtant d'enivrantes boissons. Ces gens-là s'adonnent généralement à une consommation excessive de leurs breuvages préférés en des lieux où les bonnes manières restent, en principe, de rigueur : cocktails, dîners, repas d'affaires. De surcroît, ils ne dédaignent pas biberonner de

façon régulière dans leur salon feutré, habituellement situé dans les beaux quartiers. La communauté médicale a gentiment baptisé cette tendance sociale « alcoolisme mondain », comme s'il convenait de ne pas heurter ces protagonistes huppés qui, pourtant, s'arsouillent, picolent, sirotent, s'imbibent et se soûlent. Accoler l'alcool à la mondanité sous-entend qu'il existe une élite qui s'enivre dignement, voire avec distinction et solennité, tandis que l'ivrogne se cuite ou se beurre lamentablement la gueule. Le pochard appartient à cette seconde catégorie, puisque son comportement, sa trogne violacée et sa piteuse allure manifestent que le pauvre bougre ne se désaltère pas à l'eau minérale. En d'autres termes, il n'a pas une tête à sucer de la glace.

Poivrot(e) (n., XIXe s.).
Épice au goût piquant et fort, le poivre donne un peu de vivacité, d'ardeur, d'éclat, de gaieté et d'intensité aux mets dépourvus de saveur. Un peu comme l'alcool vient égayer les ternes moments de l'existence.
Par analogie, on a donc joliment utilisé le verbe se poivrer pour désigner un individu qui s'enivre. Bien que cet emploi littéraire semble postérieur à celui du mot poivrot (voir aussi *Pochard*, p. 38), on ne peut s'interdire de penser qu'il existe entre les deux termes une filiation (et une racine évidente) issue du langage fami-

lier. D'aucuns diront d'ailleurs également se poivroter.

Il arrive à Robert de se poivrer les soirs de grande déprime, comme il le faisait autrefois au lendemain d'une réussite à ses examens.

Riboter (v. intr., XVIIIe s.).
Au XIIe siècle, le ribaud désigne un débauché, de même que l'on associe volontiers la ribaude à une joyeuse libertine, voire à une gourgandine qui n'hésite pas à monnayer ses charmes. L'un et l'autre mènent donc des vies dissolues. Six cents ans plus tard, le mot ribaud donnera le substantif féminin ribote pour définir de réjouissants et divertissants excès de table. Ainsi, ceux qui participent aux ribotes font évidemment bombance, mènent grande vie, font la fête ou la noce. On dira d'ailleurs faire ribote, puis, plus simplement, riboter.
Toujours à la même époque, le radical ribote va aussi générer la ribouldingue. Un nom dont la seule sonorité évoque déjà la clameur, les cris et les folles dissonances d'une bruyante assemblée qui s'amuse et plaisante sans retenue.

Pendant sa jeunesse écervelée, Robert allait volontiers de ribotes en ribouldingues, jusqu'au jour où Marie-Chantal le remit dans le droit chemin.

Ripopée (n. f., XVIe s.).
Cabaretiers, aubergistes et taverniers ne veulent en aucun cas jeter des fonds de bouteille ou de

tonnelet. Aussi mélangent-ils les restes de vins fort différents pour obtenir une ripopée. Cet infect breuvage n'a rien à envier au chasse-cousin (voir p. 37).
Dans un sens figuré, la ripopée se présente comme un assemblage d'éléments disparates. Cette accumulation d'objets hétéroclites ressemble à un bric-à-brac.
Voir aussi *Ripopée* dans la rubrique *Écrire*, p. 93.

Soiffard(e) (n. et adj., XIXe s.).
Le malheureux qui ne peut s'empêcher de boire de façon excessive tombe finalement dans l'alcoolisme, mondain ou pas (voir *Pochard*, p. 38). Le soiffard ne parvient jamais à étancher sa soif supposée et, du matin jusqu'au soir, il ne rate pas la moindre occasion de boire, seul ou accompagné. On a aussi utilisé à la même époque, mais beaucoup moins fréquemment, le terme de soiffeur.

Asphyxier le pierrot (exp., XIXe s.).
Personnage de pantomime vêtu de blanc et au visage enfariné, ce pierrot n'a plus rien du poète lunaire et rêveur de nos cirques d'enfance. Dans l'argot des faubourgs, sa piste à lui ressemble plutôt à un comptoir d'estaminet. Par allusion à la couleur, le pierrot désigne un verre de vin blanc. Le joyeux luron qui passe son temps à asphyxier le pierrot tout au long d'une soirée

ne manquera pas de quitter la fête avec une bille de clown. Car, à trop asphyxier le pierrot, le bouffon en perd son auguste mine.

Avoir un nez de betterave (exp., XVIIe s.).
Plante potagère dont on consomme en hors-d'œuvre la racine charnue et sucrée, la betterave (dite rouge) possède une teinte violacée. Ce ton purpurin ne sied guère au milieu du visage. Pourtant, l'appendice nasal des pochards qui usent et abusent de la chopine acquiert souvent, au fil des ans, la nuance pourprée de la vinasse. Comme s'ils voulaient signer fièrement leur sympathique penchant pour la dive bouteille. Toutefois, les choses se gâtent lorsque ce maquillage permanent en vient à s'accompagner d'un bourgeonnement du plus désastreux effet selon les canons de la beauté.
Plantée d'un nez de betterave, la trogne enluminée de l'ivrogne fiévreux a au moins le mérite d'offrir aux auteurs en mal d'inspiration des personnages hauts en couleur.

Une cousine de vendange (exp., XIXe s.).
La cueillette des raisins a déjà quelques mois, voire quelques années, lorsque vous obtenez enfin le privilège de goûter au vin, cette poudre forte qui allume le canon, ce sang de la terre qui émoustille cœur et boyaux. Une cousine de vendange caractérise une femme qui ne rechigne

pas à partager de fraternelles agapes aux côtés de la gent masculine dans de sympathiques gargotes. Pour le seul plaisir d'arroser le tout d'un bon cru. Rien de plus.
Lorsqu'elle s'adonne au plaisir solitaire de la dive bouteille, la pocharde s'appelle alors une chocaillon.

Décoiffer la bouteille (exp., XVIIe s.).
Le poivrot qui décoiffe une bouteille ne se contente généralement pas d'ôter l'attribut qui tient lieu de chapeau à la fiole, à savoir son bouchon. Le pochard en question vide carrément le contenu de la chopine sans vraiment chercher à partager ce moment de bonheur. Deux siècles plus tard, le soiffard dit plutôt qu'il étouffe une bouteille ou qu'il lui tord le cou.

Un père Labutte (exp., XVIIIe s.).
Un glouton qui s'empiffre et se bâfre en cachette (afin que rien ni personne ne vienne perturber son bonheur lorsqu'il se concentre sur les plaisirs de la table) s'appelle un père Labutte. Cette expression, qui désigne un amateur de bon vin et de mets plantureux, se répandit dans le sillage d'une chanson populaire. Mais, problème de taille, personne n'a jamais pu retrouver la ritournelle en question.
En fait, le sobriquet serait la transposition d'un refrain du genre : « Il l'a bue, la bouteille. » Mais ce modeste vers, après accumulation

d'autres verres (bien remplis ceux-là), aurait subi une étrange dérive. Dans le feu de l'action qui rythme toute chanson à boire digne de ce nom, les joyeux fêtards auraient, semble-t-il, déformé le propos en : « Il l'a butte, la bouteille. » D'où, sous toutes réserves, l'apparition de notre père Labutte.

Plumer le perroquet (exp., XIXe s.).
Oiseau des régions tropicales au plumage bigarré, le perroquet apparaît spontanément dans l'imaginaire du public avec une couleur dominante et éclatante : le vert. Une teinte comparable à celle de l'absinthe, liqueur très en vogue à la fin du XIXe siècle.
Les doigts de la main qui tient le verre d'absinthe, légèrement inclinés vers le sol, peuvent dessiner en transparence une sorte de queue de perroquet que le buveur va plumer à mesure qu'il déguste son breuvage.

Prendre un coup de bouteille (exp., XVIIe s.).
L'incorrigible buveur enraciné dans ses habitudes, le poivrot, le boit-sans-soif, le galope-chopine, le sac à vin, bref, ce suppôt de Bacchus qui passe le plus clair de son temps à courir d'estaminet en bistrot à la recherche de lui-même dans l'ivresse, celui-là ne songe pas un seul instant que les fumées d'alcool peuvent laisser des séquelles : un visage rougeaud, parfois violacé, voire buriné par les embruns de comp·

toir. En d'autres termes, notre arsouille porte sur ses joues enflammées les traces de ses vertiges éthyliques. Disons-le tout net : sa trogne rubiconde a pris un coup de bouteille.

Sac à vin (exp., XVe s.).
La langue française ne manque pas d'un vocabulaire fort imagé pour qualifier poivrots, pochards, soûlards et autres rinceurs de gobelets. Ainsi, l'ivrogne un peu lourdaud (voire franchement rondouillard à force d'écluser chopines et breuvages en tout genre) tend la toile de son pourpoint. Et, dès lors, le soiffard ressemble à s'y méprendre à un vulgaire sac à vin. Généralement, après de longues années consacrées à servir avec assiduité le culte de Bacchus, le tarin (pif, blair) vire au purpurin. Une teinte rougeoyante, le plus souvent accompagnée de bourgeonnements et de crevasses, susceptible de s'attirer ironie et sarcasmes. Ce qui se traduit au XIXe siècle par ce genre de remarque : il a un nez qui a coûté cher !

Tromper la calebasse (exp., XVIIe s.).
Il y a des choses qui ne supportent absolument pas la plaisanterie. Par exemple : profiter sournoisement de l'absence inopinée d'un compagnon de travail pour tromper la calebasse. Autrement dit : pour boire dans la bouteille commune. À l'origine, ce fruit, produit par le

calebassier (arbre d'Amérique tropicale), vidé et séché, servait de récipient.

De son côté, la gourde, une espèce de courge (dite courge calebasse) a donné son nom au bidon fétiche du randonneur.

Le vin de l'étrier (exp., XVIIe s.).
Il suffit d'imaginer un cavalier qui se sépare péniblement d'une joviale assemblée à l'issue d'une beuverie tardive. Pour prolonger la fête et retarder son départ, un de ses joyeux coreligionnaires de débauche lui offrira forcément le vin de l'étrier. C'est-à-dire un dernier verre pour la route, avant de mettre le pied à l'étrier et de sauter sur son cheval.

Bruit

Borborygme (n. m., XVIe s.).
À la seule prononciation de ce curieux substantif, le locuteur produit un savant vacarme de sonorités métalliques et saccadées. Il ne faut d'ailleurs jamais se lancer à la légère dans l'énoncé du mot borborygme, car chacun peut craindre à tout instant le dérapage fatal sur l'une ou l'autre syllabe ! Les moins téméraires diront donc gargouillis pour évoquer ces désagréables bruits produits par les liquides ou les gaz qui circulent difficilement dans l'estomac ou l'intestin. Pas très ragoûtant tout cela, mais bel et bien retentissant !

Par extension, le terme désigne le sourd clapotis anarchique qu'émet une tuyauterie récalcitrante. Et il s'applique aussi à un propos incompréhensible, le plus souvent bredouillé sous l'effet de la timidité ou de l'émotion.

En découvrant Marie-Chantal dans sa nuisette transparente, Robert ne sut prononcer que d'émouvants borborygmes.

Brouhaha (n. m., XVIe s.).
Clameur confuse et bourdonnante qui s'élève d'une foule en délire, le brouhaha s'attache à de fiévreux applaudissements élogieux et approbateurs. Mais il concerne également les cris et grondements qui proviennent d'un auditoire composé de spectateurs peu convaincus, voire de contradicteurs farouches. Par extension, le brouhaha s'applique aux tumultes assourdissants.

Cacophonie (n. f., XVIe s.).
Mélange dissonant et confus de bruits, de paroles ou de notes de musique, la cacophonie ne dégage en aucune façon la nuance contestataire que contient le charivari. Même si elle peut agresser une oreille délicate, la cacophonie reste souvent débonnaire. Voire nécessaire, lorsque le mot s'emploie à propos d'un orchestre qui accorde ses instruments.

Charivari (n. m., XIVe s.).
Sans contestation possible, le charivari se

conjugue sur le ton de la révolte ou, pour le moins, sur celui de la contestation et du désaveu. À l'origine, le mot désignait un chahut prémédité et consciencieusement organisé par la communauté villageoise. Ainsi celle-ci voulait-elle indiquer clairement qu'elle désapprouvait un mariage. Réunie à la sortie de la mairie (ou devant le domicile des futurs conjoints), la foule improvisait alors un concert discordant : cris, huées, sifflets, crécelles, tambourinage sur des ustensiles de cuisine... Le charivari concernait le plus souvent le remariage d'une veuve. Dans son emploi actuel, le mot s'accompagne toujours d'accents réprobateurs.
Voir aussi *Charivari* dans la rubrique *Cheval*, p. 60.

Tintamarre (n. m., XVe s.).
Certes dépourvu d'harmonie, le tintamarre n'atteint cependant pas le degré de dissonance agressive que l'on éprouve à l'audition d'un charivari ou d'une cacophonie. Il s'agirait plutôt ici d'un ample bourdonnement, d'un grondement sourd, d'un fracas intense et pesant.
Au sens figuré, on peut par exemple évoquer le tintamarre d'un succès pour décrire avec ironie l'excès de bruit médiatique que provoque un événement mineur.

Le tintamarre que suscitent les émissions de téléréalité agace profondément Robert.

Tintinnabuler (v. intr., XIXe s.).
Très joli verbe dont la seule consonance produit déjà à l'oreille les délicieuses sonorités acidulées d'une clochette secouée avec précaution par une main délicate et experte. Le tintinnabulement convient donc moins bien au cliquetis métallique du grelot. Car il ne s'agit pas de confondre clochette et grelot ! La première, généralement en bronze, produit une vibration argentine et stridente en se laissant frapper sur les parois par un battant (aussi appelé marteau). Quant au grelot, il se compose d'une boule creuse (percée de trous) qui contient une petite bille à l'intérieur. Les harmonieuses nuances que peut égrener une clochette qui tintinnabule se comparent difficilement au son rudimentaire du grelot.

Tintouin (n. m., XVe s.).
Lancinant, accablant, plutôt sourd et bruyant, le tintouin ressemble à ces vacarmes désordonnés qui envahissent l'esprit et empêchent toute activité. Il existe une seconde acception dans laquelle le tintouin se rapproche du tracas, de la contrariété, du tourment ou de l'embarras. Par exemple, lorsqu'un enfant paresseux cause du tintouin à ses parents ou lorsque l'élaboration d'une recette de cuisine cause bien du tintouin à la maîtresse de maison. Dans le même ordre d'idée, un étudiant se donne du tintouin (se donne du mal, de la peine) pour réussir ses examens.

Notons encore ces deux acceptions apparues au XVIIe siècle mais assez rapidement inusitées. D'une part, le tintouin caractérisait une pensée obsédante, comparable à un bruit lancinant. D'autre part, il désignait un bourdonnement d'oreilles probablement comparable à nos modernes acouphènes.

Tohu-bohu (n. m. inv., XVIIIe s.).
Ce mot fait surtout référence à l'idée d'un immense désordre. Ainsi, le tohu-bohu s'applique à la confusion sonore qu'engendre une foule agitée, mais le terme peut aussi s'employer à propos d'un fatras de choses mélangées. Dans le premier cas, le tohu-bohu serait donc synonyme de tumulte, voire de brouhaha. Dans la seconde acception, il se rapproche plutôt de fouillis.

Robert fut surpris par le tohu-bohu que provoqua le résultat des élections municipales.

Cacher

Catimini (en) (loc. adv., XIVe s.).
Agir en catimini suppose une bonne dose de retenue dans le geste et la parole. Celui qui exécute une tâche en catimini se méfie de l'entourage, il ne se livre qu'avec discrétion, en cachette, en secret. Parfois, ses agissements ou ses démarches sont même imprégnées de nuances mystérieuses.

Pour l'anniversaire de Marie-Chantal, Robert prépara en catimini un week-end à Venise.

Tapinois (en) (loc. adv., XVe s.).
Quand un homme quitte une pièce ou une assemblée en marchant à pas feutrés, il cherche manifestement à s'éclipser. Il avance discrètement et progresse quasiment sur la pointe des pieds, afin que personne ne devine ses intentions. Imperturbable, placide et réservé, ce

timide s'éloigne à la manière d'un clandestin, en secret, à la dérobée, en cachette. Il sort en tapinois.

Par extension, la tournure s'applique aussi à un individu qui manque de naturel ou de franchise et qui agit par des voies détournées pour arriver à ses fins.

Robert déteste les cocktails mondains peuplés de muscadins de sous-préfecture au bras de bourgeoises emperlées. Aussi, dès qu'il a pu saluer poliment ses hôtes, Robert s'arrange toujours pour quitter l'assemblée en tapinois.

Déménager à la cloche de bois (exp., XIXᵉ s.). Voici une locution proverbiale qui ne manque pas de subtilité. D'abord, sa signification : celui qui déménage à la cloche de bois quitte son propriétaire précipitamment. D'une part à son insu et, surtout, sans payer les sommes qu'il lui doit. Pour parvenir à ses fins, le filou se cache. Mais alors, quelle relation entre la fuite du locataire et une mystérieuse cloche de bois ?

Au XIXᵉ siècle, dans la plupart des hôtels meublés de la capitale, la porte possède une clochette qui égrène son cliquetis métallique au moindre mouvement. Une musique destinée à éveiller l'attention du concierge au passage de chacun de ses clients dont il peut sans difficulté contrôler les allées et venues. Pour échapper à la vigilance de leur cerbère, d'astucieux chenapans imaginent le subterfuge suivant. Ils entourent discrètement le marteau de la cloche d'un épais chiffon, puis ils préparent leur baluchon. Ne leur reste plus qu'à guetter le moment opportun. Car dès que le concierge s'assoupit ou s'occupe à quelque tâche dans son arrière-salle, les clients indélicats s'éclipsent sans danger. Emmaillotée dans sa chausse de fortune, la fameuse clochette reste quasiment muette. Elle ne produit guère que le bruit étouffé… d'une cloche de bois. Pas de quoi attirer l'attention du gardien. Celui qui déménage à la cloche de bois ne va donc absolument pas habiter dans un établissement qui porterait une telle enseigne. Il s'enfuit sans payer ses dettes en ayant habilement rendu inoffensive une bruyante cloche de fonte.

Les resquilleurs de l'époque ne manquent pas d'imagination. Ils utilisent parfois une autre méthode qui a aussi ses farouches partisans, dans la mesure où elle permet à l'arnaqueur de sortir sans se précipiter, en saluant avec une sarcastique déférence son créancier et en faisant tintinnabuler sans retenue la clochette de la porte. La technique diffère totalement, mais la conséquence financière demeure. Le principe consiste à déménager ses affaires par la fenêtre de la chambre louée en utilisant une simple corde. Ce qui s'appelle cette fois : déménager à la ficelle.

Caprice

Foucade (n. f., XVIIe s.).
Un élan impétueux, exalté, fougueux relève de la foucade. Il y a dans cette attitude l'idée de caprice et d'emportement passager. La foucade ne dure donc jamais bien longtemps et cette vive impulsion, comparable à un coup de tête ou à une saute d'humeur, n'a généralement pas de conséquences fâcheuses. Si le caprice se conjugue avec l'activité enfantine, la foucade appartient plutôt au monde des adultes.

Marie-Chantal a souvent des foucades qui la poussent à s'acheter chaussures et sacs à main, lesquels surchargent pourtant ses placards depuis de nombreuses années.

Lubie (n. f., XVIIe s.).
Fantaisiste, insolite ou saugrenue, la lubie s'inscrit au rang des idées insensées qui se caractérisent par une envie soudaine et irrépressible d'accomplir une action extravagante. Un peu comme si cet impérieux besoin (à la fois irrationnel, déraisonnable et passager) avait été trop longtemps contenu, voire refoulé.
La lubie ressemble donc à un fugitif écart de conduite, à un fugace moment de doux délire ou de divagation. Et le simple fait qu'elle se concrétise joue parfois le rôle d'exutoire ou de dérivatif.

Passade (n. f., XVIᵉ s.).
Brève mais néanmoins passionnée, la passade n'a cependant rien à voir avec la simple coucherie. Elle s'inscrit plutôt au rang des fiévreuses liaisons amoureuses qui, pour des raisons multiples et variées, ne peuvent pas (ou ne parviennent pas) à s'inscrire dans la durée. Par extension, le mot caractérise un éphémère attachement, un engouement momentané, un penchant provisoire. En ce sens, la passade se rapproche donc du caprice.
Soulignons que ce substantif possède de multiples sens particuliers. Par exemple, la passade désignait la charité faite aux passants et aux pèlerins, mais aussi l'aide financière temporaire que demandaient les compagnons typographes sans travail en passant et repassant dans les ateliers. En équitation, la passade correspond à la course d'un cheval qui parcourt une longueur de terrain au galop en effectuant une demi-volte à chaque extrémité. Figure, là encore, la notion de passer et repasser sans cesse au même endroit. Au théâtre enfin, faire une passade revient à exécuter un changement de place sur la scène pendant une tirade.

Avant de connaître Robert, Marie-Chantal vécut une folle passade avec un riche et séduisant quinquagénaire.

Tocade (ou toquade) (n. f., XIXᵉ s.).
En se rapportant à une chose ou à un individu sous la forme d'une très vive exaltation, la tocade

ressemble à un enthousiasme de courte durée et, de surcroît, parfaitement irraisonné. Elle s'apparente au caprice et à la foucade, mais aussi à la passade si elle prend un tour exclusivement amoureux.

Marie-Chantal a une nouvelle tocade : accompagner ses sardines grillées de confiture à l'orange !

Vertigo (n. m., XVIIe s.).
Les vétérinaires connaissent bien le vertigo, cette maladie du cheval due à une encéphalite méningée qui provoque chez l'animal des mouvements désordonnés et qui, notamment, le fait tourner en rond. Par analogie, chez l'humain, le vertigo désigna un vertige. Par exemple, une hypoglycémie qui donne le tournis évoque un parfait vertigo sans grande gravité.
Dans le sens figuré qui nous intéresse ici, le mot fut utilisé comme un synonyme de caprice, de fantaisie ou de lubie. L'insouciant qui possède un gentil petit grain de folie a le vertigo.

Robert fut d'emblée séduit par le vertigo de Marie-Chantal. Par ses foucades, lubies et tocades qui chamboulaient subitement sa paisible existence.

Chanter

Voir aussi *Musique*, p. 171.

Cantate (n. f., XVIIᵉ s.).
Pièce lyrique composée pour une ou plusieurs voix, la cantate alterne passages musicaux et récitatifs. Son histoire se confond avec celle de l'oratorio, à quelques différences notables. Par exemple, la cantate n'est jamais jouée au théâtre. Destinée en principe à un usage familial, elle sera toutefois interprétée dans les églises.
Par ailleurs, il y a dans la cantate (surtout celle d'origine italienne) un idéal poétique pur qui s'oppose au caractère dramatique et narratif de l'oratorio. Globalement, l'école italienne optera pour des cantates profanes, tandis que les compositeurs allemands se tourneront vers une inspiration religieuse. En France, on verra apparaître quantité de cantates profanes au XVIIIᵉ siècle. Certaines prendront même un tour narratif qui leur donnera un faux air d'opéra de salon.

Robert a toujours pensé que Brahms aurait vraiment dû baptiser cantate son Deutsche Requiem.

Cantilène (n. f., XVIᵉ s.).
Mélancolique, voire franchement monotone, la cantilène est un chant profane médiéval à la mélodie rythmée. En ce sens, elle ressemble à une sorte de bref poème à la fois épique et lyrique que leurs auteurs aimaient psalmodier sur la place publique. Au XIXᵉ siècle, le mot prit le sens de refrain lancinant qui vous rebat les oreilles.

C comme... Chanter

Motet (n. m., XIIIe s.).
Chant religieux polyphonique, le motet est composé sur des paroles religieuses (essentiellement latines) qui ne font pas partie des textes liturgiques éventuellement récités pendant l'office. Certains spécialistes considèrent aujourd'hui que le motet français et le *anthem* anglais se distinguent très difficilement de la cantate d'église. En fait, face à l'abondance du répertoire vocal — de surcroît très disparate — non destiné au théâtre, la classification des différents genres s'avère confuse dès la fin du XVIIe siècle. Il n'y a effectivement pas de différence fondamentale entre une cantate d'inspiration religieuse (donc plutôt d'origine allemande) et un motet (voir *Cantate*, p. 57).

Marie-Chantal, qui aime parfois cultiver le snobisme des quartiers chics, dit apprécier les motets de Marc-Antoine Charpentier et de Michel-Richard Delalande, mais aussi les anthem *de Orlando Gibbons, de John Blow et de Henry Purcell.*

Turlutaine (n. f., XIXe s.).
Couplet populaire ou refrain guilleret, chacun sait chanter une turlutaine dans la mesure où sa structure assez peu élaborée et son rythme cadencé se retiennent et s'interprètent sans la moindre difficulté. Dans son acception première, la turlutaine se rapproche donc sensiblement de la rengaine ou de la ritournelle. Mais ce mot désigne aussi un propos ou une action

frivole et la turlutaine devient ici synonyme de baliverne ou de sornette.

Cheval

Abot (n. m., XVIe s.).
Pour garder un cheval dans les limites d'un pâturage raisonnable, ou pour éviter de se le faire voler, tout paysan avisé place un abot aux pieds de l'animal. Cette sorte de chaîne métallique munie d'une serrure à clé relie ainsi deux jambes du cheval. Une telle entrave empêche évidemment juments et étalons de s'égailler dans la nature tout en leur laissant une relative liberté. En Normandie, au milieu du XXe siècle, d'aucuns utilisent encore le mot pâturon pour évoquer de comparables entraves que l'on place alors plutôt aux pieds des vaches. Ce terme vient directement de la pasture du XIIIe siècle, une simple corde servant à attacher un animal par la patte. Notons enfin que le mot pâturon (avec ou sans accent circonflexe sur le a) correspond chez le cheval à la première phalange, c'est-à-dire à la partie de la jambe comprise entre le boulet et la couronne. L'abot se place précisément au niveau du pâturon de l'animal.

Accouer (v. tr., XVe s.).
Les paysans disent avoir accoué des chevaux lorsqu'ils les attachent de telle sorte que les ani-

maux ne peuvent marcher qu'en file indienne (à la queue leu leu).

Aubin (n. m., XVIIᵉ s.).
Si vous voyez un cheval qui trotte des antérieurs et galope du train arrière, ou inversement, vous pouvez annoncer fièrement à la cantonade que l'animal va à l'aubin. En fait, cette allure défectueuse se situe entre l'amble, le trot et le galop. Par métonymie, les spécialistes parlent d'un aubin pour désigner un cheval qui ne peut courir qu'en adoptant cette curieuse allure.

Charivari (n. m., XIXᵉ s.).
Rien à voir avec un chahut prémédité. Ce charivari-là désigne le pantalon des cavaliers qui possède une garniture de cuir dans l'entrejambe et des boutons sur les côtés.
Voir aussi *Charivari* dans la rubrique *Bruit*, p. 47.

Destrier (n. m., XIᵉ s.).
Cheval soigneusement choisi, dressé et entraîné pour affronter fièrement l'ennemi sur les champs de bataille, le destrier fit la gloire de toutes les armées du Moyen Âge. Il semble que la racine de destrier provienne de la dextre (n. f., XIᵉ s.), à savoir la main droite (une dérivée du latin *dexter* signifiant « qui est à droite »). Quand le chevalier ne monte pas son cheval, l'écuyer a pour habitude de conduire l'animal de la main droite.

Palefroi (n. m., XIIe s.).
Par opposition au destrier, un cheval de combat (voir p. 60), le palefroi est spécifiquement utilisé pour le voyage, les parades et les cérémonies. Les femmes, n'allant que rarement guerroyer, montent donc des palefrois et non pas des destriers. Sauf Jeanne d'Arc bien sûr.

Passade (n. f., XVIe s.).
Voir *Caprice*, p. 54.

Cocu

Voir aussi *Amour*, *Séduction* et *Sexe*, p. 18, 227 et 231.

Un chauffe la couche (exp., XIXe s.).
Dans cette locution, il faut donner au mot couche le sens de lit conjugal, c'est-à-dire l'endroit où un couple marié dort généralement... à deux. Mais lorsque le mari chauffe les draps en l'absence de son épouse, cela signifie qu'il a dû se coucher tout seul, lassé d'attendre le retour de sa compagne qu'il ne pourra pas enlacer. Conclusion évidente : sa femme le trompe !
Mais un chauffe la couche garde cependant le cœur guilleret. Sa mésaventure ne le trouble

aucunement. Pour résumer : il est cocu, mais content !

Être un lustucru (exp., XVIIIe s.).
Voir *Idiot*, p. 130.

Colère

Acariâtre (adj., XVIe s.).
Très fréquemment associé aux vieillards pour qualifier un tempérament aigre et maussade, le terme acariâtre concerne également les plus jeunes lorsqu'ils affichent un caractère désagréable. Il y a également dans l'attitude et les propos d'un personnage acariâtre une volonté sous-jacente de chercher querelle à la moindre occasion.

Robert ne supporte plus son petit chef acariâtre, au point qu'il envisage sérieusement de démissionner pour quitter ce grincheux crapoussin.

Accagner (v. tr., XIXe s.).
Terme régional du centre de la France qui semble dériver du mot cagne (chien). Aussi celui qui accagne crie-t-il haut et fort sans vraiment réfléchir à ce qu'il dit. Mais ce verbe a surtout pris le sens de provoquer, d'insulter, de couvrir d'injures.

Acrimonie (n. f., XIXe s.).
Tout individu qui devient la cible de propos moqueurs, caustiques, narquois ou sarcastiques réplique souvent avec acrimonie. Pour répondre à l'attaque, il utilise un ton acerbe ou virulent, voire hargneux, qui traduit une évidente mauvaise humeur provoquée par une blessure profonde. De surcroît, la répartie se teinte d'une nuance de rancune lorsqu'elle se produit après un certain laps de temps, toujours propice au ressassement de l'amertume.

Atrabilaire (adj., XVIe s.).
Un personnage atrabilaire ressemble à une sorte de professionnel du mécontentement. Quelles que soient les circonstances d'une situation donnée, tout l'exaspère : les gens, le lieu, le repas, la météo, la conversation, les rires, l'attente, la précipitation, le bruit, le silence... Toute chose et son contraire indisposent et agacent ce ronchon (n. et adj., XIXe s.) patenté qui, de surcroît, prend un plaisir malsain à exprimer haut et fort sa mauvaise humeur. Irritable et colérique, un quidam atrabilaire s'emporte donc facilement et sans aucune raison objective.
Si l'on reconnaît volontiers au tempérament bilieux (adj., XVIe s.) quelques excuses (inquiétude maladive, anxiété, mélancolie), en revanche, les attitudes atrabilaires ont généralement le don d'horripiler prodigieusement l'entourage.

Chanter pouilles (exp., XVIIe s.).
Ne croyez surtout pas que cette ritournelle a des accents plaisants. Bien au contraire ! Celui qui chante pouilles va vous jeter au visage des monceaux d'injures et de reproches. Car il souhaite que ces invectives outrancières, le plus souvent teintées d'une bonne dose de vulgarité, fassent réagir sa cible. En effet les insultes gratuites ne suffisent pas au gougnafier (voir p. 112) qui chante pouilles. Ce malotru cherche aussi querelle.

Endêver (v. intr., XIIe s.).
Prenons deux exemples. Un sportif endêve lorsqu'il endure une vive contrariété après une courte défaite. De la même façon, un amoureux endêve lorsqu'il éprouve un violent dépit en apprenant que sa dulcinée a décidé de le quitter. Dans les deux cas, ces pauvres garçons écument, enragent, trépignent. Ils sentent incontestablement la colère, voire la fureur, les gagner. L'expression « faire endêver quelqu'un » s'utilise dans le sens de faire enrager, mais avec une tendre malice, et sans jamais que la méchanceté ne préside à une telle initiative, qui relève plutôt de la taquinerie. Ainsi, des bambins espiègles font endêver leur mère ou leur institutrice.

Robert s'amuse beaucoup lorsqu'il fait endêver Marie-Chantal en lui parlant de sa nouvelle coiffure.

Grincheux(se) (adj., XIXe s.).
Il y a dans l'humeur grincheuse une forte connotation de désespoir et d'accablement, voire de découragement. Autant de nuances qui ne classent jamais le collègue grincheux dans le camp des vrais méchants. Certes, son abord désagréable, maussade et revêche n'incite pas d'emblée à la rigolade, mais d'aucuns reconnaissent un certain pouvoir de séduction aux vieux grincheux grisonnants. Au XVIIIe siècle, l'adjectif gringe était un parfait synonyme de grincheux.

Horion (n. m., XIIIe s.).
Il ne fait pas bon recevoir des horions, à savoir : des coups violents. Par métonymie, un horion est une marque laissée sur la peau par un choc brutal.

Houspiller (v. tr., XVe s.).
Au sens figuré, un chef de service qui houspille ses collaborateurs les accable de reproches, de remontrances et de critiques. Que les griefs soient ou non justifiés, se faire houspiller n'a donc rien d'agréable. D'ailleurs, le verbe exprimait à l'origine une franche notion de brutalité. Houspiller se rapproche alors de malmener physiquement, de rudoyer, voire de battre ou de maltraiter. À l'inverse, aujourd'hui, dans une acception atténuée relativement courante, le verbe peut également signifier importuner.
Dans le langage soutenu, on peut tout aussi bien

utiliser le verbe tancer (XIe s.), autre synonyme plaisant pour réprimander ou engueuler. Dans une forme pronominale, des individus qui se houspillent se querellent.

Quand Marie-Chantal s'attarde plus que de raison dans les magasins pour le plus grand malheur de son compte en banque, il arrive que Robert ne puisse s'empêcher de houspiller sa compagne.

Irascible (adj., XIIe s.).
Un tempérament irascible s'emporte à la moindre remarque. Mais à la différence d'une personnalité atrabilaire ou acariâtre, un individu irascible se calme rapidement, en reconnaissant même parfois le côté ridicule et parfaitement déplacé de son brutal courroux. La locution être comme une soupe au lait (ou monter comme une soupe au lait) illustre à merveille l'aspect soudain de la colère (par analogie au lait qui déborde subitement de la casserole restée sans surveillance sur le feu). Le terme irascible a aussi été utilisé, mais rarement, pour évoquer une chose hostile ou inhospitalière. On pourrait par exemple parler d'un vent irascible.

Jérémiade (n. f., XVIIe s.).
Lamentations lancinantes qui se répètent à n'en plus finir, les jérémiades (le mot s'utilise essentiellement au pluriel) exaspèrent profondément l'auditoire qui doit les subir. Par extension, ce substantif désigne des plaintes de peu d'impor-

tance. En conjuguant les doléances aux pleurnicheries et gémissements, voire à un excès de mise en scène, les jérémiades s'opposent à de légitimes revendications.

Les jérémiades des vieilles bourgeoises outrageusement fardées, emperlées et parfumées qui invectivent le conducteur du bus de la ligne 63 lorsqu'il a trois minutes de retard exaspèrent profondément Robert qui leur suggère généralement de prendre un taxi.

Maugréer (v. intr., XIIIe s.).
Traditionnellement, ce verbe s'associe volontiers à un personnage grincheux que chacun imagine sans difficulté en train de marmonner entre ses dents, menton bas, tête légèrement inclinée, mais œil vivace et sévère sous un sourcil ombrageux. Celui qui maugrée ainsi se contente d'exprimer sa mauvaise humeur ou son impatience à mi-voix. Une sage attitude au demeurant, fort éloignée de ceux qui vitupèrent à perdre haleine et s'époumonent dans l'invective. Le verbe maugréer reste proche de bougonner (XVIIIe s.), grommeler (XIVe s.) et ronchonner (XIXe s.). Mais il y a encore le savoureux rognonner (XVIe s.), dont la seule consonance exprime bien le ton et l'articulation volontairement minimalistes de celui qui murmure plus ou moins distinctement des mots de mécontentement.

Morigéner (v. tr., XVIe s.).
Des parents ou des professeurs morigènent un

enfant lorsqu'ils le réprimandent. Cette acception, qui voit le jour au XVIIIe siècle, se rapproche sensiblement de houspiller (voir p. 65), sauf que morigéner contient incontestablement la notion d'argumentaire solide. Autrement dit, celui qui morigène prend soin d'expliquer, de démontrer et de raisonner son interlocuteur. En gros, il le sermonne. Une telle connotation pédagogique n'a rien d'étonnant puisque le verbe signifie à l'origine : éduquer quelqu'un selon les lois de la bienséance, selon le respect des usages et des règles sociales.

En bon citoyen responsable, le père de Robert avait pris soin de morigéner ses enfants afin de leur inculquer une excellente éducation.

Quinteux (euse) (adj., XVIe s.).
Même si la coqueluche a aujourd'hui très largement reculé, chacun sait que cette maladie contagieuse provoque une toux convulsive qui, par certains aspects, peut ressembler au chant du coq (d'où son nom). D'aucuns prétendent que ces redoutables manifestations douloureuses et bruyantes reviennent toutes les cinq heures. Elles prennent alors assez naturellement le nom de quintes.
Fondamentalement, le mot quinte signifie accès, poussée ou crise (de quelque chose). Ainsi parlait-on de quintes de toux, mais aussi, plus rarement, de quintes de rire ou de pleurs. À l'origine, le mot est en fait synonyme de

l'expression « accès d'humeur », ou encore de caprice. Celui qui se laisse aller à des quintes répétées a donc mauvais caractère, il se met facilement en colère et n'a bien évidemment rien de sympathique. Dans la foulée, l'adjectif quinteux va fort logiquement qualifier l'attitude d'un vieux grincheux. Selon le contexte et la nuance que l'on souhaite instiller dans une description, l'homme quinteux est un personnage bougon, bourru, grognon, irascible, ronchon, voire soupe au lait.

Revêche (adj., XIIIᵉ s.).
Celui qui se montre revêche manifeste d'emblée un abord désagréable, rude et rugueux, voire dédaigneux. Ces manières brutales désarçonnent ou effraient. Parfois trompeuse, cette attitude de façade se laisse assez facilement contourner.

En exigeant méchamment qu'il vidât plus rapidement son chariot, la caissière revêche avait fini par désarçonner le brave et lunaire Robert.

Sabouler (v. tr., XVIᵉ s.).
Quand un instituteur saboule un intrépide garnement, il le secoue pour le réprimander, par exemple en le tenant par le col ou par le revers de sa blouse. Ce verbe équivaut à bousculer ou à malmener, avec à la clé une bonne dose de colère plus ou moins contenue.
Dans un emploi pronominal, des enfants qui se saboulent en viennent donc aux mains : ils se

C comme... Colère

battent carrément. Au sens figuré, ce verbe se rapproche cette fois de bouleverser ou de troubler.

Enfin, la ménagère qui saboule son linge s'active à le décrotter (analogie probable avec le geste qui accompagne cette action vigoureuse). Quant à la saboulée (n. f., XIXe s.), elle évoque deux formes de courroux plus ou moins intenses. Soit la réprimande purement verbale, soit la sévère correction se soldant par une volée de coups.

Robert était tout saboulé de voir son champion du monde favori convaincu de dopage.

Avoir maille à partir (exp., XVIIe s.).
Point de tricot, de dentelle ou de crochet dans notre affaire. Pas davantage de ces petits anneaux métalliques qui forment l'armure (cotte de mailles). Encore que ! Comme dans le tricot, la maille qui nous occupe a aussi un envers puisqu'il s'agit d'une monnaie (voir *Pince-maille*, p. 28).
Utilisée sous les Capétiens (X[e]-XIVe s.), la maille équivaut alors à un demi-denier, la plus petite valeur monétaire officielle en circulation. Autant dire pas grand-chose. Ainsi, on disait couramment d'un miséreux : il n'a ni sou ni maille. La locution ne faisant aucunement référence aux vêtements de l'individu (même s'il y a fort à parier que son extrême pauvreté ne lui permettait pas de s'habiller correctement).
Par ailleurs, le verbe partir correspond ici à la version déformée de départir : partager, attri-

buer en partage. Deux individus qui se chamaillent bêtement pour obtenir une chose (ou une fonction) sans grande valeur ont donc maille à partir. Ils se querellent violemment pour obtenir un partage difficile, voire impossible. Et surtout dérisoire.

Gracieux comme un fagot d'épines (exp., XVIIe s.).
Il y a le rabat-joie (voir p. 254), mais aussi le grincheux à la lèvre pendante, le ronchon d'humeur morose, le revêche au sourcil agressif, le bougon mal embouché, l'acariâtre à l'allure maussade, sans oublier le guindé qui rit du bout des dents... Bref, tous ces personnages aimables comme des portes de prison endossent aisément cette autre formule qui leur sied à merveille : gracieux comme un fagot d'épines. Le fagot est une brassée de branchages reliés entre eux. Un fagot de petit bois sert à allumer le feu. Un fagot d'épines n'a rien d'agréable. Et encore moins de gracieux.

Corps humain

Voir aussi *Beau*, p. 32, et *Laid*, p. 139.

Entrefesson (n. m., XIXe s.).
Endroit du corps humain (homme ou femme)

qui correspond au périnée et qui se situe donc entre l'anus et les parties génitales.

Pendant les accablantes chaleurs caniculaires du mois d'août, Robert, comme tant d'autres usagers du métropolitain de la capitale, transpire dans l'entrefesson.

Couleur

Azur (n. m. et adj. inv., XIe s.).
Les poètes utilisent l'azur pour parler du ciel. Logique, dans la mesure où le mot désigne un bleu clair, uniforme, intense et transparent. Une couleur comparable aux cieux d'une lumineuse journée d'un éclatant printemps. On peut donc parler d'un ciel d'azur, d'une immensité d'azur, voire de flots ou d'un regard d'azur.
Au sens figuré, le mot devient symbole d'absolu, d'infini, d'inaccessible idéal et parfois même de pureté ou de sérénité. Notons enfin que le lapis-lazuli s'appelle communément une pierre d'azur.

Blanchoyer (v. intr., XIIIe s.).
Les premières lueurs qui balayent l'horizon d'un matin d'avril viennent blanchoyer les eaux calmes du rivage. On l'aura compris, ce verbe permet de décrire le chatoiement d'un objet ou d'un paysage qui se teinte des rayons diffus d'une lumière blanchâtre.
Autre exemple : en caressant à peine les rideaux

de ses halos blafards, les éclats chancelants de la bougie blanchoient le tissu de soie pourpre.

Céladon (n. m. et adj. inv., XVIIe s.).
Roman pastoral de plus de cinq mille pages, *L'Astrée* fut publié entre 1607 et 1633, en cinq parties. Honoré d'Urfé (1567-1625) en écrit les trois premières. À sa mort, Balthazar Baro, son secrétaire, termine la quatrième, puis il donne une ultime conclusion à cette œuvre baroque monumentale qui connaît un succès considérable tout au long du XVIIe siècle. *L'Astrée* relève à la fois du roman chevaleresque médiéval, des pastorales dramatiques italiennes et du récit sentimental.
L'action du roman se situe au cœur de la plaine du Forez dans la Gaule des druides du Ve siècle. Traversée par d'innombrables péripéties, cette épopée met en scène les impossibles amours d'Astrée et du berger Céladon. Celui-ci aime depuis toujours la bergère Astrée. Mais elle le croit infidèle et le chasse. Tout au long du roman, Céladon tente de reconquérir le cœur de la belle. Rien d'étonnant que le terme céladon s'attache donc un temps à définir un amoureux fidèle, sentimental et platonique. Quant au sens coloré qui retient ici notre attention, il faut le chercher dans le costume vert que portaient les bergers de l'époque.
Par métonymie, le céladon devint un vert pâle et tendre. Mais dans une forme adjectivale, on

parle couramment d'un vert céladon. À savoir d'une couleur pâle ou fadasse. Notons encore qu'une porcelaine chinoise recouverte d'émail vert tendre généralement craquelé s'appelle un céladon.

Il convient enfin de souligner que les « bergers » de *L'Astrée* ne gardent pas les moutons. Dans le contexte du temps, le mot s'oppose aux laborieux paysans et il se réfère en réalité à des individus qui ont choisi de vivre autrement, plus lentement, sans contraintes et en parfaite symbiose avec la nature. En joignant l'attitude à la parole, les bergers prônent les joies d'une vie harmonieuse au cœur d'une nature idyllique. Une attitude déroutante, voire révolutionnaire, contrastant avec le pessimisme qui prévaut en cette période.

Garance (n. f. et adj. inv., XIe s.).
Plante grimpante, herbacée et vivace (famille des rubiacées), la garance tinctoriale dispose d'une racine qui fournit une matière colorante rouge. Par métonymie, le mot s'applique également à la substance colorante extraite de la plante. Dans sa forme adjectivale, le terme désigne évidemment un rouge vif. Chacun se souvient des célèbres pantalons garance que portaient (de 1835 à 1916) certains soldats de l'infanterie française.

Vairon (adj., XVIe s.).
On sait tous que des yeux vairons ont des cou-

leurs différentes. L'expression s'applique également pour caractériser des yeux dont l'iris, dépigmenté, présente un anneau blanchâtre.
Par métonymie, on peut aussi parler d'un chien ou d'un cheval vairon. Par extension, le terme désigne parfois un objet qui possède une couleur incertaine, indéfinissable ou changeante.

Zinzolin(e) (n. m. et adj., XVIIe s.).
La graine du sésame (plante oléagineuse originaire de l'Inde) produit une teinture qui donne aux étoffes un violet rougeâtre très original, nuancé et délicat. Pour décrire les chaleureux reflets d'une telle couleur, on parle d'un velours ou d'un taffetas zinzolin. Ce terme a même acquis un sens figuré, pour qualifier un individu (une attitude, un style) agréable, doux et raffiné.

Coup

Dauber (v. tr., XVIe s.).
Les malfrats qui se daubent entre eux dans une sorte de bataille rangée où tous les coups sont permis règlent généralement leurs comptes. Autrement dit, ils se bagarrent avec violence. Forbans, malandrins, sacripants et scélérats (voir *Voleur*, p. 268) n'hésitent pas à dauber leurs victimes avant de les détrousser. Le verbe prend ici le sens de rouer de coups.
Ces deux acceptions sont aujourd'hui totalement

délaissées. Et les attaques verbales ont remplacé l'agression physique. En effet, le verbe dauber a plutôt pris le sens de calomnier, railler, médire, se moquer de quelqu'un. Il se rapproche alors de clabauder (voir *Dénigrer*, p. 80).

Finalement, Robert garde un souvenir agréable des insouciantes chamailleries de son enfance où il daubait sans retenue ses camarades.

Gourmade (n. f., XIIIe s.).
Il n'y a vraiment rien d'agréable à prendre une gourmade en pleine figure. Plus violente que la gifle, la gourmade ressemble plutôt au coup de poing et ne s'apparente donc en rien au camouflet ou à la croquignole (voir *Gifle*, p. 109). D'ailleurs, ceux qui se gourment (XVIe s.) se battent en se donnant des coups très violents. À la même époque, se gourmer signifie également prendre un air faussement grave, comme le font alors si bien les godelureaux et autres muscadins (voir *Prétentieux*, p. 195) lorsqu'ils affichent des manières hautaines et dédaigneuses.

Danser

Gambiller (v. intr., XVIIe s.).
Par exemple, un gamin assis sur une table gambille lorsqu'il ne peut s'empêcher d'agiter ses jambes pendantes. Dans l'argot du XIXe siècle, gambiller prendra le sens de marcher très vite, voire de s'enfuir d'un endroit d'un pas soutenu, mais sans courir pour ne pas attirer l'attention. Cependant, ce verbe va surtout s'employer pour décrire ceux qui dansent à un rythme effréné. On retrouve ici l'influence de l'une des premières acceptions de gambiller, à savoir : se trémousser.

Dans sa jeunesse, Robert allait volontiers gambiller dans les boîtes de nuit à la mode.

Astiquer ses flûtes (exp., XIXe s.).
Qu'il s'agisse de l'instrument à vent ou d'un pain un peu plus petit que la baguette, dans les

deux cas la forme même de la flûte peut faire penser à une jambe. Aussi parle-t-on familièrement de « jouer des flûtes » (courir) et de « se tirer des flûtes » (se sauver). Ici, les flûtes évoquent bel et bien les guiboles, mais l'action se produit sur un rythme endiablé qui nous renvoie à la musique. Car astiquer ses flûtes (c'est-à-dire les frotter l'une contre l'autre) signifie tout simplement danser.

Délicatesse

Mignoter (v. tr., XVe s.).
Quand un proche a subi un revers ou se trouve dans le désarroi à la suite d'une douloureuse mésaventure, ses vrais amis font tout pour le mignoter. Autrement dit, ils le dorlotent, le traitent avec délicatesse et l'entourent d'attentions. Dans un sens plus familier, mignoter se rapproche alors de cajoler, choyer. Voire, par extension, de câliner ou caresser.
Sous la forme pronominale, l'individu qui se mignote prend tout simplement grand soin de sa petite personne, il se bichonne avec complaisance. Un peu à la manière des dandys.

Robert avait connu les dures heures d'une adolescence perturbée par moult chagrins qui le conduisirent finalement à se mignoter en lisant l'œuvre complète d'Oscar Wilde.

Demoiselle

Bachelette (n. f., XVe s.).
Jeune fille douce, gracieuse et ingénue, la bachelette séduit par le naturel plaisant de ses gestes et de ses propos. Elle évolue sans fard ni artifice dans le cercle des adultes, mais elle hésite encore un peu avant de se détacher définitivement de son innocente fraîcheur. La bachelette retient avec une vigueur sauvage ces derniers moments de bonheur insouciant comme si elle voulait retarder l'entrée dans le monde maniéré des dames du monde.
Le mot bachelette fut construit sous l'influence de bachelier et par altération du terme baisselette qui désigne une jeune fille (fin XIIIe s.). Évidemment, le bachelier en question n'a alors rien à voir avec un titulaire de notre actuel baccalauréat. Le terme s'emploie dans le système féodal à propos d'un gentilhomme qui apprend le métier des armes dans l'entourage d'un seigneur et qui aspire ainsi à devenir chevalier. Par extension, le mot deviendra synonyme de jeune homme. Quant à baisselette, son origine vient de *baissele*, qui définissait une servante (début XIIIe). Dans la langue anglaise, le terme *bachelor* désigne un célibataire.

Dénigrer

Clabauder (v. intr., XVIᵉ s.).
Dès le début du XVIIᵉ siècle, clabauder acquiert le sens figuré de médire, dénigrer ou cancaner. Au sens propre, ce verbe signifie tout simplement aboyer, particulièrement en parlant d'un chien de chasse. Mais le terme s'enrichira très vite d'une notion plutôt péjorative pour caractériser un animal qui aboie très bruyamment et, surtout, à tort et à travers. Nuance qui forgera donc sans difficulté l'acception figurée. Certains auteurs ont aussi parlé d'oies ou de grenouilles qui clabaudent.
Par extension, clabauder peut aussi évoquer les hurlements criards et discordants d'enfants apeurés ou colériques, ou bien de spectateurs enthousiastes.

Même si sa concierge ne peut tout naturellement s'empêcher de clabauder, Robert éprouve à son égard une réelle sympathie. En revanche, Marie-Chantal déteste les hordes de supporters avinés qui clabaudent dans les stades de football.

Persifler (v. tr., XVIIIᵉ s.).
Le chansonnier qui persifle un ministre se moque tout simplement de lui. On dirait de façon familière qu'il le met en boîte. Sauf que celui qui persifle conjugue l'éloquence à un véritable talent d'écriture. Ce mariage parfaitement réussi du ton et de la forme donne au propos

une force incontestable qui tourne en ridicule la cible visée. En outre, soulignons que le persiflage (propos de celui qui persifle) s'accompagne d'une subtile ironie, mais aussi de feintes louanges doucereuses qu'un cuistre infatué serait parfois capable de prendre au premier degré. Vous l'aurez compris, persifler quelqu'un ne relève absolument pas de la banale plaisanterie.

Dérisoire

Baguenaude (n. f., XVe s.).
Dans l'emploi vieilli qui nous intéresse ici, la baguenaude prend la forme d'une activité stupide qui ne mérite fondamentalement aucune attention particulière et à laquelle certains perdent pourtant beaucoup de temps.
Depuis le début du XXe siècle, la baguenaude a perdu son sens péjoratif. La forme dérivée du verbe se baguenauder (se promener, musarder) désigne une agréable balade, sans but précis, une flânerie (voir aussi *Baguenauder* p. 158).
La baguenaude est aussi le fruit du baguenaudier, un arbrisseau méditerranéen à fleurs jaunes. Ce fruit se présente sous la forme d'une petite gousse remplie d'air qui amuse tout particulièrement les enfants puisqu'elle éclate d'un bruit sec dès qu'on la presse entre les doigts. Et il n'y a rien de plus futile que de passer son

temps à cette occupation dérisoire : faire éclater des baguenaudes. Vaine niaiserie qui donna donc à ce mot son sens premier.

Robert n'apprécie guère les baguenaudes de Marie-Chantal lorsqu'elle passe volontiers son samedi après-midi dans les boutiques de Saint-Germain-des-Prés.

Dessin

Tartouillade (n. f., XIXe s.).
L'artiste peintre qui s'adonne à la confection de tartouillades ne laisse généralement pas son nom dans l'histoire de l'art pictural. Il élabore en effet des tableaux dépourvus de tout talent et de toute originalité. De surcroît, il ne s'encombre en aucune manière des principes élémentaires de la composition et, surtout, il affectionne particulièrement des couleurs vives qui accentuent encore la médiocrité de son œuvre. Vous l'aurez compris, celui qui tartouille se contente de tartiner sa toile de peinture. Ce type d'« artiste » s'est vu également affublé du nom de tartouilleur.

Robert éprouve une réelle sympathie pour les tartouilleurs de Montmartre qui savent soutirer de l'argent aux touristes incultes en les faisant poser pendant une heure sur un tabouret de toile — et sous la canicule — plutôt que de leur conseiller d'aller visiter le musée Picasso.

Difficulté

C'est le diable à confesser (exp., XIXe s.).
Dans le sacrement de pénitence de l'Église catholique, le fidèle déclare et reconnaît ses fautes (péchés) à l'oreille d'un prêtre. Il se confesse en révélant ainsi toutes ses mauvaises actions. Et même ses vilaines pensées. Le cas de Satan se pose tout différemment. Explication. Dans l'imagerie populaire, Lucifer personnifie à tout jamais la tentation et les déviances maléfiques ou malsaines. Et si le diable venait à se confesser, il perdrait immédiatement sa puissance malfaisante. En conséquence, il ne pourrait plus se présenter en adversaire de Dieu. Or, dans la religion chrétienne, le Malin se doit de remplir parfaitement sa fonction. Un Prince des ténèbres au rabais n'aurait aucun sens ! Car minimiser le pouvoir du Tentateur revient à renier sa foi en Dieu. Ces deux éléments antagonistes restent indissociables. Autrement dit, reconnaître la puissance créatrice de Dieu implique obligatoirement de lui adjoindre une force maléfique capable de troubler l'harmonie du monde. Ainsi, jamais le Prince des ténèbres, incarnation du mal absolu et porteur de tous les péchés, ne saurait se confesser.
Lorsqu'il faut résoudre un problème excessivement complexe, voire impossible à dénouer, on

peut donc dire : c'est le diable à confesser. La formule s'emploie également pour parler d'un filou dont le juge ne parvient pas à tirer le moindre aveu.

Écarter

Rebuffade (n. f., XVIᵉ s.).
Chacun en a fait la douloureuse expérience : il ne faut jamais espérer une quelconque faveur ou une banale autorisation d'un petit chef grognon à l'humeur maussade et revêche. Car vous essuierez invariablement une rebuffade, un refus catégorique qui s'accompagnera de paroles brutales et méprisantes.

Alors qu'il demandait poliment l'autorisation de stationner devant une porte cochère le temps de poster une lettre, Robert essuya une cinglante rebuffade de la part d'une contractuelle acariâtre.

Adressez ailleurs vos offrandes (exp., XVIIᵉ s.).
Lorsqu'une élégante veut rejeter les avances empressées d'un fiévreux godelureau, elle lui lance sèchement : « Adressez ailleurs vos offrandes. » Le damoiseau éconduit n'a plus qu'à

aller conter fleurette sous d'autres cieux. Au XVIIe siècle, le terme fleurette (ou florette) désigne des mots tendres (voire doucereux) qu'utilisent freluquets et mirliflores pour charmer leurs conquêtes féminines.

Envoyer aux pelotes (exp., XXe s.).
Il existe de multiples expressions fort imagées pour traduire cette situation très désagréable qui consiste à se faire éconduire ou à être écarté, voire congédié. Par exemple, au XVe siècle, « recevoir la pelle au cul » signifie que l'on perd son emploi. Cette locution familière puisant bien évidemment ses racines dans le geste souvent brutal qui accompagne alors le licenciement. Deux siècles plus tard, la formule « envoyer au diable » concerne celui qui se fait chasser de la cour du roi ou de celle d'un seigneur. Exclure un damoiseau de ces lieux hautement imprégnés par le dogme de la religion catholique revient donc à le jeter dans les bras de Lucifer.
Avec toujours cette même notion de repousser, refouler, éconduire, éloigner, écarter, mettre à la porte, congédier, exclure, déloger, chasser, renvoyer..., on rencontre les expressions suivantes : envoyer paître (à Pampelune ou à Cancale) (XVIIe), déloger sans trompette (XVIIIe), envoyer dinguer (XIXe), envoyer à la balançoire (XIXe), envoyer au bain (XIXe).
Quant à la locution « envoyer aux pelotes », elle

se réfère à une brimade militaire. Le soldat devait faire le tour de la cour de la caserne au pas de course (avec son sac sur le dos) jusqu'à épuisement total (l'image renvoie à un fil de laine qui s'enroule pour confectionner une pelote). Dans le langage familier, envoyer quelqu'un aux pelotes signifie que l'on s'en débarrasse sans ménagement. Par ailleurs, le soldat qui fait la pelote rejoint un peloton disciplinaire.

Toujours avec cette même acception qui évoque l'idée de chasser quelqu'un, on trouve encore l'expression « envoyer au peautre » (XVIIe). Le peautre (ou piautre selon les dialectes) étant un lit, c'est-à-dire l'endroit chargé de peaux (ou piaux) où l'on dort. Ce même mot donnera naissance au pieu et au verbe se pieuter pour se mettre au lit.

Écrire

Amphigouri (n. m., XVIIIe s.).
Un texte volontairement rédigé de façon confuse, ampoulée, alambiquée et obscure devient assez rapidement incompréhensible. Son auteur, qui produit ainsi un amphigouri, s'évertue à torturer la syntaxe en s'imaginant que le sérieux doit obligatoirement rimer avec complexité. Tout droit sortis d'un esprit tourmenté, de tels écrits nébuleux et insipides naviguent

sans honte aux confins d'un pédantisme achevé et délivrent toujours un contenu insignifiant. Le galimatias (n. m., XVI⁰ s.) n'a rien à envier à l'amphigouri.

Robert comprend mal que les discours ministériels rédigés par d'éminents directeurs de cabinet, souvent normaliens et agrégés de lettres, soient le plus souvent d'innommables amphigouris. Lesquels se prolongent ensuite en d'insondables galimatias prétentieux sous la plume complice de journalistes condescendants.

Apostiller (v. tr., XV⁰ s.).
Un professeur, un juge, un avocat, un ministre ou un chef d'entreprise sont amenés à annoter de nombreux documents. Autrement dit, ils apostillent le texte, intervention qui consiste à apporter des commentaires succincts en marge ou au bas d'une dissertation, d'une lettre, d'une note de synthèse, d'un exposé, d'une requête, etc.

Bas-bleu (n. m., XIX⁰ s.).
Voir *Intellectuel*, p. 135.

Berquinade (n. f., XIX⁰ s.).
Arnaud Berquin (1747-1791) a d'abord connu un estimable succès de poète pour ses *Idylles* (1775) avant de se spécialiser dans la littérature destinée aux enfants. Il rédigea alors de courtes comédies un peu fades et toujours porteuses d'un optimisme béat qui sous-tend une infati-

gable propension à dispenser de mièvres leçons moralisatrices. Et les histoires de ce brave Berquin donnèrent naissance au terme berquinade qui caractérise un texte à la fois niais et outrageusement sentimental.

Chacun connaît ces collections à l'eau de rose dans lesquelles une jeune fille pauvre et pourvue d'un physique ingrat (généralement caissière dans une grande surface ou shampouineuse dans un salon de banlieue) finit par épouser un richissime patron ou un chirurgien de renom, bronzé à souhait en vertu de ses incessants colloques passés aux Baléares et arborant des abdominaux de plomb. Nous sommes là en pleine berquinade. Dans sa *Correspondance* (1858), Gustave Flaubert (1821-1880) préfère utiliser le mot berquinerie : « Et du haut de ces échasses nous tombons, tout à plat, sur des berquineries ratées. »

Robert aurait préféré que Marie-Chantal s'initiât aux joies de la vraie littérature plutôt que de dévorer les stupides et inqualifiables berquinades de la collection Polichinelle.

Cacographe (n. m., XVIe s.).
À l'origine, le cacographe truffe involontairement ses textes de multiples fautes d'orthographe. Par analogie, le mot désigne un piètre écrivain qui peine à coucher sur le papier des textes corrects. Mais on affuble finalement le cacographe de tous les maux. Ainsi commet-il des fautes d'orthographe, de syntaxe, de voca-

bulaire... Bien évidemment, une cacographie est un texte produit par un cacographe.

À sa grande surprise, Robert croisa moult pédants cacographes lorsqu'il effectua un stage dans un grand quotidien du soir. Et il vénérait rewriters et correcteurs-réviseurs d'en tirer des articles lisibles.

Élégie (n. f., XVIe s.).
Poème lyrique tendre et douloureux, l'élégie expose essentiellement des sujets mélancoliques, sombres et tristes. Ce terme s'applique également à des complaintes tourmentées de facture libre qui expriment la souffrance, l'amertume et la désolation. L'élégie joue alors sur le registre de la gravité émouvante et aborde les thèmes éternels : amours impossibles, séparation, tourments de l'âme, torture psychique, etc. Les spécialistes considèrent Pierre de Ronsard (1524-1585) et André Chénier (1762-1794) comme des maîtres de l'élégie.
Par extension, certains ont parlé d'élégies pour évoquer toutes les œuvres d'inspiration mélancolique. Il arrive que le mot soit aussi utilisé (rarement) au sens figuré pour décrire une situation de chagrin profond, voire de total désespoir, directement lié à un revers amoureux.

Si Marie-Chantal venait à le quitter, Robert plongerait dans une indicible élégie que rien ne saurait apaiser.

Gâte-papier (n. m., XIIIe s.).
Un écrivain médiocre utilise malgré tout des

cahiers pour rédiger ses livres de piètre facture. Alors qu'il ferait mieux de s'adonner à d'autres occupations, il gaspille donc du papier, des arbres et des forêts. Aussi appelle-t-on ce genre de scribouillard un gâte-papier (on préférera un pluriel invariable même si d'aucuns aiment écrire des gâte-papiers). Soulignons que cet écrivailleur (écrivaillon ou écrivassier) du dimanche a au moins un avantage sur le grimaud (voir plus bas) : il sait rester discret !

Grimaud (n. m., XVe s.).
Écrivain dépourvu de tout talent, mais qui ne perd jamais une occasion de parler de son œuvre en termes élogieux, le grimaud s'apparente à un fat doublé d'un gâte-papier. Sa cuistrerie légendaire est inversement proportionnelle à la qualité de sa prose. Autrefois, le mot désignait aussi un élève médiocre. D'une façon générale, le grimaud manque de la plus élémentaire culture.

Non contents d'avoir récompensé l'an dernier un gâte-papier, les jurés du prix Renoncourt viennent de récidiver en couronnant cette fois un vieux grimaud.

Les émissions de téléréalité n'attirent que des grimauds.

Janotisme (n. m., XVIIIe s.).
En 1779, un certain Louis Dorvigny (1742-1812), acteur et auteur de multiples comédies et parades, crée *Janot, ou les Battus paient l'amende* aux Variétés-Amusantes. Comme dans d'autres pièces de sa composition (*Janot chez le dégraisseur*),

Dorvigny met ici en scène le personnage de Janot, un parfait idiot à l'esprit borné. De surcroît, ce niais caricatural s'exprime dans une syntaxe approximative.

Le succès de Janot donnera naissance au terme janotisme qui sera synonyme, dans un premier temps, de bêtise et de simplicité extrême. Ainsi peut-on dire, par exemple, que tel ou tel ministre a acquis une bonne dose de janotisme en vieillissant. Mais l'acception se fixera finalement sur le défaut de construction qui consiste à rompre la logique d'une phrase, tant et si bien que le message véhiculé en devient ambigu.

Exemple d'un janotisme du plus pur classicisme : « C'est la chienne de ma voisine qui vient de mourir ». La chienne ou la voisine ?

Rapetassage (n. m., XVIIe s.).
Dans le langage provençal, le petas désignait une pièce (notamment de cuir) destinée au rapiéçage sommaire des étoffes, draps et vêtements. Ce mot a donné le verbe rapetasser (rapiécer de façon grossière) et son substantif rapetassage (raccommodage). Ce rafistolage rudimentaire et imprécis concerne ainsi en premier lieu les habits de travail.

Dans un sens figuré, le rapetassage s'applique également aux textes, lettres, mémoires, comptes rendus, notes (supposées de synthèse) et autres manuscrits qui ont grand besoin d'être remaniés par fragments entiers. Ce rapetassage littéraire relève davantage de la remise en forme, voire de la refonte profonde, plutôt que de modestes corrections.

Pendant ses études, Robert fit quelques rapetassages pour le compte d'un ministre de l'Éducation nationale qui se piquait de culture mais ne savait pas aligner trois phrases correctes.

Ripopée (n. f., XVIIe s.).
Mélange de restes de vins différents, la ripopée peut aussi s'appliquer à un ouvrage (article ou discours) incohérent. Dans ce cas précis, elle s'apparente à une succession d'idées juxtaposées ou enchevêtrées, sans lien évident entre elles. Ce texte confus entre dans la catégorie peu enviable des amphigouris, galimatias et autres salmigondis (terme qui, lui aussi, possède une origine culinaire).
Voir aussi *Ripopée* dans la rubrique *Boire*, p. 40.

Salmigondis (n. m., XVIIe s.).
Composé des restes de différentes sortes de viandes réchauffées, le salmigondis désigna tout d'abord un plat familial populaire comparable au ragoût. Par analogie, le mot a ensuite été employé pour évoquer un assemblage hétéroclite. Ce mélange disparate qui ressemble à un fouillis (ou à un fatras) a aussi gagné le champ des idées. Ainsi, un texte désordonné, confus et incohérent qui relève du simple ramassis d'idées s'appelle un salmigondis.

Teinturier (n. m., XIXe s.).
Artisan très recherché dans une époque où l'on doit parfois faire du neuf avec du vieux, le teinturier sait raviver une étoffe, lui rendre de l'ampleur, lui donner une forme acceptable, et même, avec un peu de talent, lui insuffler force et vigueur. Autant de qualités qui manquent à des textes fades, plats, mal bâtis, insipides, ternes... Vous l'aurez compris, le teinturier, c'est aussi celui qui redonne vie, puissance, solidité et volume à un manuscrit fastidieux, douceâtre, soporifique, pesant, monotone et, de ce fait, insignifiant.
Ces professionnels de l'écriture qui louent ainsi leur savoir-faire s'appellent également des nègres. Métier ô combien florissant de nos jours ! Car, compte tenu du nombre de comédiens, chanteurs, ministres, politiciens, patrons, malfrats, prostituées, drogués, sportifs, entraîneurs, soigneurs, pseudo-médecins, victimes, témoins et délateurs qui veulent publier un livre, il faut bien qu'ils trouvent des nègres pour les écrire. Ou des teinturiers qui les rendent lisibles. Ces architectes du récit mettent au service de la vanité d'autrui leur plume habile, vivace et colorée. Et lorsqu'ils abusent de leur déconcertante aptitude à aligner mots, phrases et chapitres, on les appelle des pisseurs de copie. Deux siècles plus tôt, ils portaient le fort joli nom de fesse-cahiers, tant ils savaient griffer avec ardeur (donc fouetter et fesser) le papier de leur plume.

Zoïle (n. m., XVIIIe s.).
Les artistes qui exposent leur travail (écrivains, peintres, compositeurs, musiciens, cinéastes, comédiens, etc.) se soumettent par principe à l'avis du public, de leurs pairs et de quelques journalistes. Dans le lot, il y a parfois un zoïle amer, c'est-à-dire un critique injuste, envieux et malveillant dont le jugement négatif ne repose que sur une évidente mauvaise foi.
Il semble que le mot ait été créé à partir du nom d'un fameux grammairien d'Alexandrie qui vécut au IVe siècle av. J.-C. : Zoilus (ou Zôïlos). L'auteur en question se rendit célèbre pour sa critique passionnée dans laquelle il dénonçait avec mesquinerie les contradictions contenues dans l'œuvre d'Homère (IXe siècle av. J.-C.). Au tournant de l'ère chrétienne, les poètes latins utilisaient le mot *zoilus* comme synonyme de détracteur.

Éducation

Barbacole (n. m., XVIIe s.).
Dans l'un de ses textes intitulé « La querelle des chats et des chiens et celle des chats et des souris », Jean de La Fontaine (1621-1695) évoque le barbacole (livre XII, fable 8, vers 46, le dernier) :

Ce que je sais, c'est qu'aux grosses paroles
On en vient sur un rien, plus de trois quarts du temps.
Humains, il vous faudrait encore à soixante ans
Renvoyer chez les barbacoles.

Ainsi le poète veut-il que les sexagénaires retournent étudier ! En effet, le barbacole désigne un maître d'école qui ne dédaigne pas affirmer une vénérable grandiloquence en portant une longue barbe.

Il convient de rapprocher ce terme de l'italien Barbacola, patronyme du maître d'école qui intervient dans le ballet-mascarade de Jean-Baptiste Lully (1632-1687) intitulé *Le Carnaval*. Cette pièce, composée sur un livret d'Isaac de Benserade, sera créée le 18 janvier 1668 au Louvre, dans les appartements de Louis XIV. Avouez que pour impressionner vos bambins, un barbacole en impose davantage qu'un instit et même qu'un professeur des écoles !

Vespérie (n. f., XVIe s.).
Les étudiants de médecine ou de théologie soutenaient devant un jury leur vespérie, après la licence et avant de présenter le doctorat. Il s'agit à l'époque d'une sorte de dernier acte dans le cursus qui mène au titre envié de docteur.

Par métonymie, la vespérie acquiert au XVIIe siècle le sens de réprimande ou de semonce, ce qui laisse à penser que les jurés prenaient un malin plaisir à houspiller une dernière fois les étudiants avant de les admettre à postuler à l'examen suprême.

Enfant

Fripon(ne) (n. et adj., XVIe s.).
Dans son acception actuelle, le substantif fripon s'emploie surtout pour dépeindre un gamin déluré, madré, espiègle et malicieux qui agit avec bonhomie et simplicité pour obtenir satisfaction ou pour décrocher quelque avantage ou modeste récompense. Mais le mot s'appliquait autrefois aux parfaits escrocs. Ce fripon-là ressemblait donc aux filous, aux aigrefins (voir *Voleur*, p. 268) et aux arnaqueurs de tout poil, individus souvent sympathiques et parfois fort intelligents qui mettaient leur habileté au service d'une foncière malhonnêteté, mais sans jamais utiliser la violence pour parvenir à leurs fins. Dans les faits, le fripon utilise essentiellement la ruse pour tromper les jobards (voir aussi *Idiot*, p. 125).
Utilisé comme adjectif qualificatif, le mot suggère malignité, rouerie, bravade, provocation et audace, voire douce insolence. On parle ainsi d'un œil, d'un air ou d'un sourire fripon. Et pourquoi pas d'une jupe friponne.

Marie-Chantal sait enflammer le regard des hommes en jouant avec talent d'un déhanchement fripon.

Galopin (n. m., XIVe s.).
Le jeune garçon qui galopait toute la journée afin d'effectuer des commissions diverses et variées pour son patron jouait le rôle du messager ou du coursier moderne. Quatre siècles avant de s'appeler un saute-ruisseau (voir p. 99), on le qualifie donc de galopin. Plus tard, le terme désignera un apprenti qui se rend utile dans les cuisines d'une auberge. Le galopin est ainsi une sorte de marmiton (aide-cuisinier) sans en avoir véritablement le rang ni la fonction précise.
Gamin des rues espiègle et effronté, au XVIIIe siècle, le galopin ressemble alors au chenapan et au polisson (voir plus bas).

Garnement (n. m., XIVe s.).
Impertinent, turbulent et insupportable, le garnement ne peut s'empêcher de manigancer de mauvais tours plus ou moins malveillants mais toujours dépourvus d'une réelle méchanceté. En revanche, dans son acception d'origine, le mot caractérise clairement un voyou.

Polisson(ne) (n. et adj., XVIIe s.).
Gamin espiègle, turbulent, incontrôlable, déluré et dissipé car fondamentalement livré à lui-même, le polisson aime à vagabonder au fil des rues ou dans les champs. À l'origine, le mot qualifie un voleur adroit et dégourdi. Aussi le

polisson sait-il gagner, sinon la sympathie, du moins l'indulgence de la communauté.
Utilisé comme adjectif qualificatif, le mot caractérise un individu de mœurs légères, une attitude aguichante (voire indécente), un texte ou un ouvrage littéraire licencieux, un comportement libertin, un geste osé, un propos grivois, graveleux ou égrillard.

En sortant de l'école, Robert et quelques autres polissons de sa classe s'amusaient à tirer les sonnettes en dévalant la grande rue du village.

Saute-ruisseau (n. m. inv., XVIIIe s.).
Dans une étude de notaire ou d'avoué, le jeune clerc que l'on chargeait de porter plis et colis s'appelait un saute-ruisseau. Sans scooter ni mobylette, cet ancêtre du coursier moderne sillonne la ville à pied et passe le plus clair de son temps à courir aux quatre coins de l'agglomération en enjambant prestement menus obstacles, rigoles, caniveaux et ruisseaux.

Ennui

Canule (n. f., XVe s.).
Petit tuyau introduit dans l'organisme par un orifice naturel (ou par une incision) afin de permettre l'injection d'un liquide ou d'un gaz, la canule ne véhicule pas une image plaisante. Par allusion à son utilisation dans les lavements,

la canule prit donc un sens figuré pour dépeindre un individu désagréable, ennuyeux et, surtout, importun. Au sens figuré, la canule devint alors l'archétype du fâcheux et indiscret intrus qui tente de s'introduire dans une pièce, de s'immiscer dans une conversation, de s'imposer dans une réunion, de s'intégrer dans un voyage ou de s'inviter dans un dîner.

Embâter (v. tr., XVIIe s.).
Au sens premier, embâter un âne ou un mulet consiste à lui attacher sur le dos un bât (dispositif qui permet aux bêtes de somme de porter de lourdes charges). Ce harnachement encombrant a probablement influencé une acception figurée dans laquelle le verbe embâter se rapporte à des humains. Par exemple, lorsqu'un patron embâte un de ses employés, il le charge d'un travail embarrassant ou ennuyeux. On peut aussi s'embâter d'une personne, en ce sens qu'elle devient une charge dans la vie quotidienne, professionnelle ou familiale. Aussi ce verbe est-il devenu assez simplement l'équivalent d'embarrasser ou d'ennuyer.

Erreur

Avoir l'esprit aux talons (exp., XVIIe s.).
Les occasions de se gourer ne manquent pas. Fort heureusement, chaque erreur devrait en prin-

cipe charpenter notre personnalité et construire l'expérience. Mais, au-delà de cette hypothétique finalité moralisatrice, tout le monde n'en finit pas de se tromper. Certains accumulent âneries, bévues et maladresses ; d'autres manquent franchement d'un jugement assuré en toute affaire, mais tous se fourvoient plus ou moins lourdement. Pour exprimer cette méprise quotidienne inhérente à l'activité humaine, la tradition orale a souvent puisé dans un vocabulaire concret. Dans le domaine des comparaisons, on retiendra (là aussi au XVIIe s.) : prendre son cul pour ses chausses, prendre son nez pour ses fesses, prendre saint Pierre pour saint Paul, prendre une martre pour un renard. Deux siècles plus tard, celui qui persiste dans l'erreur se fourre le doigt dans l'œil.

Autre tournure plus recherchée : avoir l'esprit aux talons. Chacun comprendra qu'un potentiel intellectuel tombé aussi bas ne peut en aucune manière favoriser un avis circonspect.

Fatigue

Ahaner (v. intr., XIe s.).
Que ce soit le bœuf, l'âne ou le cheval (ou d'autres animaux domestiques), tous fournissent d'énormes efforts dans les travaux champêtres du Moyen Âge. Et jusqu'aux débuts de la mécanisation au XXe siècle, qu'il s'agisse de tirer, de traîner, de porter ou de labourer, ces lourdes besognes ne peuvent s'accomplir que dans la peine et la difficulté, sources de fatigue et de meurtrissures. Pour évoquer ces animaux et paysans qui s'éreintent ainsi à la tâche, on dit qu'ils ahanent. Le verbe est alors synonyme de s'épuiser, s'échiner, se tuer au labeur ou, tout simplement, se fatiguer. Mais dans la mesure où celui qui effectue un effort excessivement pénible va aussi s'époumoner et souffler bruyamment, le verbe ahaner s'enrichira de ces manifestations sonores qui accompagnent une action rude et ardue.

Suant et grimaçant sous le poids de son trop lourd sac à dos, Robert ahane depuis trois heures sous un soleil de plomb en jurant que Marie-Chantal ne le traînera jamais plus dans une randonnée alpestre.

Recru(e) (adj., XIe s.).
Un humain ou un animal recru est tout simplement épuisé, éreinté, exténué, fatigué, fourbu, harassé, vanné... Bref, à bout de force. À la suite d'une longue et intense activité, on peut donc parler d'un cycliste, d'un ouvrier ou d'un cheval recru. Sans rien ajouter d'autre !
La locution « recru de » insiste sur l'excès. Celui qui est recru de quelque chose atteint un point extrême situé au-delà du supportable. L'expression s'applique à tout individu submergé par la démesure d'un état ou d'une situation. L'un sera recru de fatigue, tel autre recru de douleur et un troisième recru de sommeil.

À l'issue de son premier jour de randonnée alpestre qui se solda par six heures de marche et cinq cents mètres de dénivelé, Robert arriva recru au refuge.

Gaspiller

Gabegie (n. f., XVIIIᵉ s.).
La fraude, la manigance, l'affaire suspecte, l'accord douteux, l'intrigue ambiguë ou la négociation peu scrupuleuse relèvent de la gabegie. Nous sommes là dans le champ de la première acception du mot. Ici, les gabegies s'échafaudent entre des individus peu recommandables qui se jettent sans vergogne dans des impostures, mensonges et falsifications visant un seul objectif : tromper les niais, les crédules et autres jobards. Dans son sens d'aujourd'hui, la gabegie s'applique à un désordre financier qui résulte d'une mauvaise gestion (que ce soit pour une famille, une entreprise, une administration ou pour le budget d'un pays). La gabegie ressemble donc à un laisser-aller dicté par une désinvolture générale qui débouche dès lors sur des dépenses inconsidérées et désordonnées. Les adeptes de

la gabegie dilapident et gaspillent leurs fonds à tout-va. Par extension, la gabegie désigne aussi le désordre et le chaos.

Robert réprouve la gabegie qui sévit dans son entreprise où les cadres supérieurs changent de voiture de fonction tous les ans.

Générosité

Munificence (n. f., XIVe s.).
Diamétralement opposée à l'avarice et à la mesquinerie, la munificence caractérise une disposition d'esprit qui pousse aux largesses, à l'altruisme et à une profonde bonté naturelle. Autrement dit, tout individu porté vers la munificence fait preuve de grandeur dans la générosité.

Rien n'est trop beau ni trop coûteux pour Marie-Chantal et, tel un prince de sang, Robert se conduit à son égard avec munificence.

Qui se fait brebis, le loup le mange (exp., XIXe s.).
Au travail, mais aussi en famille ou entre amis et, finalement, dans toutes les situations où peut se développer une intense activité relationnelle, certains se retrouvent toujours en position de victime. Non par bêtise, mais bel et bien par bonté. Générosité, bienveillance, mansuétude et compassion poussent en permanence ces ver-

tueux tempéraments à rendre le moindre service sans jamais rien attendre en retour. Dévoués à l'extrême, ils en viennent à subir les exigences d'autrui. Mesquins et cruels profitent alors sans retenue de ce courtois empressement. Comportement parfaitement résumé par la locution proverbiale « qui se fait brebis, le loup le mange ».

Gentillesse

Accortise (n. f., XVIe s.).
Des manières courtoises, plaisantes, accueillantes et prévenantes, voire respectueuses et raffinées, relèvent de la plus parfaite accortise. Mais attention, cette attitude reste empreinte d'un naturel de bon aloi qui place l'accortise au rang de la profonde gentillesse et de l'amabilité spontanée, celles qui se conjuguent avec le bon goût et excluent toute notion de maniérisme ou de préciosité.

Dès leur première rencontre, l'accortise de Robert émut intensément Marie-Chantal.

Aménité (n. f., XIVe s.).
Dans son sens le plus ancien, l'aménité caractérise un paysage ou un climat agréable. On parlait donc de l'aménité d'un site, d'une côte, d'une île, ou d'un village, pour évoquer son charme, son hospitalité et sa douceur de vivre. Par extension, on applique le mot aux humains

pour insister sur les qualités de cœur, la courtoisie naturelle et l'affabilité d'un individu.
Au pluriel cette fois, le vocable n'a plus rien d'envoûtant, puisque se dire des aménités revient à échanger des paroles déplaisantes, de vives critiques ou des propos carrément injurieux.

Boniface (n. m., XVIIe s.).
D'une grande simplicité naturelle, le boniface affiche une gentillesse déconcertante et quelque peu naïve. Aussi le mot prend-il parfois une connotation péjorative lorsqu'il exprime un excès de candeur ou lorsqu'il caractérise un personnage trop crédule. Dans ce cas précis, le boniface ajoute une petite dose de niaiserie à son ingénuité originelle.

Marie-Chantal se souvient d'un boniface dégingandé qui leur servait de domestique et qui l'agaçait prodigieusement. Mais son père, qui ne manquait pas d'humour, lui répondait toujours : « Que veux-tu que la bonne y fasse ! »

Être du bois dont on fait les flûtes (exp., XIXe s.).
Il existe de braves bougres qui refusent systématiquement le débat. Tout leur convient parfaitement bien ! Jamais ils n'essayeront d'émettre la moindre objection, que ce soit dans une conversation amicale ou dans le cadre d'une réunion professionnelle. Toujours d'humeur égale, ces personnalités falotes s'accommodent des situations les plus diverses. Elles savent même se métamorphoser en fonction de l'entourage du

moment, un peu comme le font les caméléons. Ces experts en consensus agissent le plus souvent par complaisance et parfois par pure faiblesse. Ils sont du bois dont on fait les flûtes, un instrument rudimentaire facile à accorder. Il existe d'ailleurs une autre formule pour qualifier un tel tempérament : être de tous les bons accords.

Gifle

Camouflet (n. m., XVIIe s.).
Dans son sens figuré, le camouflet s'emploie pour caractériser une vexation. Mais dans une acception littérale, le mot s'utilise pour évoquer une gifle légère, un soufflet, ou bien une chiquenaude (sorte de pichenette). En somme, rien de très sonore ni de fondamentalement dévastateur.
Le camouflet claque à peine et il relève davantage de l'affront public que de la réelle volonté d'exhiber une quelconque violence physique. Dans le même esprit, la nasarde désigne une banale mais toutefois cinglante pichenette sur le nez.

Croquignole (n. f., XVe s.).
Là encore, la croquignole ne risque pas de vous jeter sur le pavé en vous laissant à demi inconscient. Sur une échelle très subjective de la violence, d'aucuns précisent même que la cro-

quignole se situe à un niveau nettement inférieur à celui qu'occupe le camouflet (voir p. 109). Il s'agit donc d'une sorte de chiquenaude donnée sur la tête (ou sur le nez) sans intention manifeste de blesser ou de provoquer une douleur. Finalement, la croquignole relève plutôt de la pichenette amicale et amusée, mais malgré tout agaçante, parfois gentiment provocatrice.
Au XIXe siècle, on a vu apparaître l'éphémère expression « taper sur la croquignole » dans le curieux sens de « taper sur les nerfs ».

Lorsque Robert s'assoupit derrière son journal et s'affaisse lentement au fond de son fauteuil, Marie-Chantal lui lance une de ces croquignoles dont elle a le secret et qui ne manque pas d'aussitôt l'émoustiller.

Avoir un nez à camouflets et à nasardes (exp., XVIIe s.).
Le pauvre bougre qui attire les brimades imméritées et sert volontiers de souffre-douleur à ses camarades possède un nez à camouflets et à nasardes. Par extension, la tournure s'adresse à tous ceux qui prennent des coups (physiques et moraux) sans chercher à se défendre et sans jamais se rebiffer. Rigoureusement rien à voir avec une tête à claques sournoise, agaçante, arrogante et narquoise qui attise l'aversion et mérite une bonne paire de baffes.

Grossier

Fruste (adj., XVIᵉ s.).
Rude et mal dégrossi, un personnage fruste apparaît comme un sympathique balourd (XVᵉ s.). Il s'agit d'une sorte de lourdaud primitif, particulièrement maladroit, ignare et sans aucune finesse. Cette acception récente (XIXᵉ) dérive du sens premier qui s'appliquait à un objet usé. Ainsi parlait-on couramment d'une statue, d'une pierre ou d'une monnaie fruste, autrement dit de choses altérées par le temps.

Dans le même esprit, certains auteurs n'ont donc pas hésité à utiliser le qualificatif fruste pour évoquer un mot ayant perdu son sens premier, comme si un usage intempestif et répété l'avait prématurément usé et finalement vidé de toute signification.

Galapiat (n. m., XVIIIᵉ s.).
Sorte de bon à rien doublé d'un polisson (voir *Enfant*, p. 97), le galapiat se distingue surtout par son indécrottable paresse et par sa curieuse façon de s'accrocher aux basques des adultes qu'il finit par importuner sérieusement. Il jouit cependant dans l'opinion d'une certaine sympathie que ne connaît absolument pas le gougnafier (voir p. 112). On rencontre de multiples déformations phonétiques régionales de ce mot : galapias, galapiau(d), etc.

Gougnafier (n. m., XIXe s.).
Individu aux manières grossières et à l'éducation rudimentaire, le gougnafier ne brille guère par son élégance vestimentaire ni par la distinction de son langage. Négligé dans son apparence physique, inculte et discourtois, il se conduit en tout lieu et en toute situation de façon insolente. En conclusion, le gougnafier s'apparente au bon à rien, mais il affiche de surcroît une impertinence de mauvais goût.

Goujat (n. m., XVe s.).
À l'origine valet d'armée, le goujat désignera, par extension de sens, celui qui se met au service d'une personne. Dans le centre de la France, le mot s'appliquera aux ouvriers du bâtiment et le goujat deviendra même, très spécifiquement, un apprenti maçon.
Trois siècles plus tard, le substantif aura acquis l'acception figurée que nous lui connaissons toujours. Ainsi parle-t-on d'un goujat à propos d'un personnage qui ne possède aucun savoir-vivre, au point que son attitude et ses paroles peuvent offenser autrui. Certes, le goujat manque des plus élémentaires notions de politesse, mais son indélicatesse se manifeste rarement de façon volontaire. Autrement dit, les manières grossières du goujat incombent essentiellement à son manque d'éducation.
Le terme s'utilise très rarement sous une forme

adjectivale : voix goujate, regard goujat, agissements goujats.

Malotru(e) (n., XVIe s.).
Vulgaire, dur, brutal et balourd, un peu à l'image du goujat ou du mufle (voir p. 114), il y a de surcroît chez le malotru une disgrâce physique qui le rend d'emblée repoussant. Le mot est un dérivé de *malastru* (XIVe s.) qui signifiait malheureux, avec une connotation maléfique : né sous une mauvaise étoile.

Mâtin (n. m., XVe s.).
Grossier, désagréable et hargneux, le mâtin n'attire pas vraiment la sympathie. D'autant qu'un physique ingrat vient s'ajouter au tempérament grincheux du bonhomme. En fait, au XIIe siècle, le mâtin s'appliquait aux gros chiens de garde. Par essence méchants, ils avaient pour fonction d'intimider les rôdeurs à l'allure suspecte. Le terme fut donc utilisé pour définir un homme qui se comporte de la même façon que ces féroces mâtins aboyeurs.
Mais le mot possède d'autres sens subtilement liés au contexte. Ainsi le mâtin devient-il un fougueux coquin inoffensif dans un contexte amical. Nous sommes donc plutôt ici dans le registre de l'espièglerie enfantine. Le terme peut aussi se teinter de ruse et de hardiesse déplaisantes.

Utilisé sous forme d'interjection, le mot marque alors l'admiration, l'étonnement ou la surprise.

« Tu es un drôle de petit mâtin ! », *aimait souvent à dire la grand-mère de Robert en s'amusant de ses innocentes pitreries.*

Marie-Chantal ne décolère pas d'avoir acheté une robe trop grande à ce mâtin de vendeur qui s'est bel et bien moqué d'elle.

En voyant Marie-Chantal sortir de la salle de bains dans son peignoir fuchsia, Robert s'exclama : « Mâtin, que vous êtes belle ce matin ! »

Mufle (n. m., XVIe s.).
Grossier, vulgaire, malappris, indélicat et irrévérencieux, le mufle ressemble comme un frère jumeau au goujat et au malotru. En outre, le substantif désigne également l'extrémité, dépourvue de poils, du museau de certains mammifères (mufle de vache, de chien, etc.).
Au tout début du XVIIe siècle, le substantif désigne aussi un visage humain aux traits lourds et épais. Acception que l'on retrouve au milieu du XIXe siècle sous une forme adjectivale pour qualifier un visage gras et rebondi.

Pacant (n. m., XVIe s.).
Lourdaud, gauche et malappris, le pacant semble cumuler tous les défauts qui touchent la maladresse. Par certains côtés, ce balourd a donc des allures frustes (voir p. 111), sauf qu'il n'inspire pas vraiment la sympathie. Toutefois, le pacant

n'atteint pas le degré de grossièreté que l'on retrouve chez un rustre (voir p. 116).

Paltoquet (n. m., XVIIIᵉ s.).
Nous sommes toujours ici dans cette famille de personnages ingrats, désagréables et déplaisants par leurs manières grossières et par leurs propos incultes, voire irrespectueux. En outre, à la différence du mufle ou du goujat, le paltoquet tente de manier l'insolence. Et, comme rien ne l'arrête, il se risque aussi sans honte dans des attitudes maniérées et des conversations prétentieuses qui ne manquent pas de lui donner un air parfaitement ridicule.

Pignouf(e) (n., XIXᵉ s.).
Il semble que pignouf trouve ses racines dans le très vieux verbe pigner, terme qui signifie gémir, se lamenter, couiner, pleurnicher. Ainsi, dans la corporation des cordonniers, le jeune apprenti — qui avait probablement l'habitude mais aussi des raisons fondées de se plaindre — s'appelait-il un pignouf.
Par analogie, le mot a donc été utilisé pour définir un individu mal élevé (peut-être parce qu'il n'arrête pas de geindre). Puis, par extension, il en est venu à identifier un personnage mal dégrossi. Le pignouf rejoint ainsi le mufle et le goujat, mais il se teinte d'une nuance drolatique due à la consonance du vocable. Aussi ne prend-on jamais un pignouf au sérieux.

Poissard(e) (n. et adj., XVIIᵉ s.).
Surtout utilisé au féminin avec une nuance péjorative, le mot caractérise une femme du peuple vaillante et déterminée qui affectionne un langage imagé, voire grossier, pour attirer l'attention de ses clients. Car une poissarde officiait généralement aux halles, où elle devint plus spécifiquement une marchande de poisson. Par extension, le mot désignera ensuite une femme insolente et vulgaire.
Au XIXᵉ siècle, la poisse devient synonyme de guigne et, dans l'argot des monte-en-l'air, le poissard joue de malchance dans ses tentatives d'effraction.

Rustre (n. m. et adj., XIIᵉ s.).
Rude, brutal et sans éducation, le rustre semble cumuler toutes les tares dont sont affublés le gougnafier, le mufle et le goujat (voir p. 112 et p. 114). Il témoigne donc d'un manque de finesse et de savoir-vivre. Mais il y a chez le rustre davantage de bestialité primitive que d'insolence calculée.

Hésiter

Barguigner (v. intr., XIIe s.).
Qu'il s'agisse de choisir une chemise dans un magasin, de sélectionner un menu au restaurant, de soutenir un candidat, de se décider sur l'achat d'un livre ou sur la projection d'un film, certains ne parviennent pas à passer à l'action : ils barguignent, c'est-à-dire qu'ils hésitent et ne savent pas se déterminer.
Le sens premier de ce verbe s'appliquait à ceux qui marchandent. Évidemment, le fait de discuter sur un prix à débattre, de chipoter, de chinoiser ou de chicaner contient cette notion sous-jacente d'hésitation qui s'attachera au sens usuel de barguigner.

Robert ne supporte pas ces longs après-midi pendant lesquels Marie-Chantal barguigne dans les boutiques de Saint-Germain-des-Prés.

Velléitaire (n. et adj., XIXe s.).
Souvent inefficace par indolence excessive, le velléitaire hésite avant de prendre la plus banale des décisions. Timoré, timide, craintif, incapable de passer à l'acte, il affiche une volonté faiblement déterminée et se garde bien de s'engager dans le moindre projet. Poussé à l'extrême, le comportement velléitaire révèle alors un incontestable déséquilibre psychique qui exige une thérapie.

Homosexualité

Tribade (n. f., XVIe s.).
Emprunté au latin *tribas* (qui dérive lui-même d'un terme grec signifiant frotter), le mot tribade désigne une femme homosexuelle.

Être en coquine (exp., XIXe s.).
Voir *Coquin*, p. 148.

Honte

Penaud(e) (adj., XVIe s.).
Un gamin maladroit, un amoureux éconduit, un homme politique déchu, un célèbre entrepreneur écarté d'un juteux projet, un sportif de renom sévèrement battu, un artiste populaire

sifflé par son public, tous se sentent penauds. En d'autres termes, ils sont honteux, déconfits, dépités, chagrinés, déçus, confus, voire ridicules.

Quinaud(e) (adj. XVIe s.).
Habitués à tous les succès et rompus aux plus extrêmes exigences, d'ambitieux conquérants achoppent parfois sur un modeste obstacle qui leur fait mordre la poussière. Et ils restent quinauds devant cet échec imprévu qui blesse leur amour-propre. Autrement dit, ils sont honteux (ou, à un moindre degré, confus) d'avoir raté leur tentative.

Marie-Chantal resta toute quinaude d'avoir raté son permis de conduire pour la troisième fois.

Hypocrisie

Voir aussi *Mensonge*, p. 161 et *Trahison*, p. 247.

Attrape-minon (n. m., XVIIIe s.).
Synonyme de mimi, minou ou minet, le minon désigne un petit chat. Le terme se retrouve dans la savoureuse locution proverbiale suivante : « Il entend bien chat sans que l'on dise minon. » Ce qui signifie que l'individu désigné ne manque ni d'intelligence ni d'intuition puisqu'il comprend un énoncé à demi-mot, sans que son

interlocuteur ait besoin d'expliciter les tenants et aboutissants d'une situation.

Minon s'emploie également sur un ton complice et badin pour surnommer de façon cajoleuse, tendre et affectueuse une personne estimée, voire aimée.

Le minon possède donc une exceptionnelle charge de sympathie que nul ne songe à écorner. Cette image positive et bon enfant l'expose forcément à la pitoyable engeance des hypocrites, notamment ceux qui cherchent à tromper les plus simples sous des abords vertueux. À savoir : les attrape-minon.

Chattemite (n. f., XIIe s.).
Avoir recours à des manières doucereuses en vue de tromper son interlocuteur pour parvenir à ses fins revient à utiliser l'attendrissante méthode du chat qui se frotte et s'enroule en un va-et-vient, ponctué de suaves miaulements, sur les jambes de son maître dans le seul but d'obtenir sa pitance. Dans le même esprit, la chattemite affecte un comportement souriant, maniéré ou conciliant afin d'obtenir un avantage. Mais cette attitude contre nature vise uniquement à abuser son interlocuteur, car la chattemite ressemble comme deux gouttes d'eau à l'hypocrite. Avec, en prime, une condescendance quelque peu sournoise. Dans une forme adjectivale, certains auteurs ont parlé d'un air ou d'un propos chattemiteux.

Franc, droit et direct, Robert ne saura jamais lutter contre ceux qui usent et abusent de la chattemite pour obtenir une promotion.

Dindonner (v. tr., XIXe s.).
Dans une affaire quelconque, celui qui se retrouve le dindon de la farce se fait gruger. Il devient la seule victime d'une entreprise collective promise au plus bel avenir et qui échoue lamentablement. Dupé, ce pauvre bougre paie pour les autres qui, plus habiles, ont su tirer leur épingle du jeu. Dans le même esprit, un commerçant dindonne un client lorsqu'il le trompe sur la qualité de la marchandise. Et une femme adultère a dindonné son mari.

Comme beaucoup de rentiers à la veille de la guerre de 1914, le grand-père de Robert s'était fait dindonner par des aigrefins qui lui avaient vanté les vertus des emprunts russes.

Escobar (n. m., XVIIe s.).
Père jésuite espagnol, Antonio Escobar y Mendoza (1598-1669) écrivit de nombreux traités de théologie morale et de spiritualité. Il fut l'une des cibles favorites de Blaise Pascal (1623-1662), notamment dans *Les Provinciales*. Casuiste convaincu, il s'appliquait à résoudre les cas de conscience selon les règles de la raison et du christianisme (comme tous les théologiens appartenant à cette ligne de pensée). Antonio donna ainsi son nom à ce substantif qui s'attache à un personnage utilisant avec habileté d'astucieux subterfuges pour parvenir à ses fins.

Fourbe, perfide, doucereux et hypocrite, l'escobar justifie en permanence ses faits et gestes à mesure qu'il règle une situation au mieux de ses intérêts.

Girie (n. f., XVIIIe s.).
Le faux-jeton qui simule la pruderie et l'innocence pour gagner la confiance d'autrui se complaît dans les giries. En fait, cette sainte-nitouche ne sait agir que de manière affectée. Les giries (le mot s'emploie essentiellement au pluriel) ressemblent à des lamentations sans fin. Ces plaintes, jérémiades et pleurnicheries ne sont absolument pas justifiées et, de surcroît, elles se teintent d'une forte connotation d'hypocrisie.

Patelin (n. m. et adj., XVe s.).
Flagorneur doucereux, le patelin use de tous les subterfuges pour tromper son monde. Il simule donc une amabilité excessive ou une feinte bonhomie dans le but de duper son auditoire sur ses véritables projets.
Quant au courtisan patelin, il aime à cajoler ses interlocuteurs afin de s'attirer leur bienveillance ou leur confiance. Ce flatteur obséquieux cherche à séduire par tous les moyens possibles et imaginables, y compris la ruse ou la dissimulation.

Avant de rencontrer Robert, Marie-Chantal avait su résister aux avances d'un sexagénaire patelin qui prétendait ne s'intéresser qu'à sa lumineuse intelligence.

Idiot

Aliboron (n. m., XVe s.).
Sot, inculte, mesquin et prétentieux, l'aliboron se veut pourtant très malin. Aussi tente-t-il de se mêler de beaucoup de choses, mais sans jamais rien entreprendre de réellement utile. En fait, l'aliboron souhaite donner un avis supposé pertinent sur chaque chose, alors qu'il ne connaît fondamentalement rien à rien et brille surtout par sa franche bêtise.

Apoco (n. m., XVIIIe s.).
Un homme de peu d'esprit, peureux, plutôt niais et de surcroît maladroit correspond au portrait type de l'apoco. Ce terme s'utilisait de façon délibérément méprisante, alors qu'il n'existe en revanche aucun soupçon de méchanceté (on y trouve parfois même un peu de tendresse) dans l'emploi de mots comme benêt, bêta ou nigaud.

Benêt (n. m. et adj., XVIᵉ s.).
En parfait frère jumeau du nigaud, de l'idiot, de la nunuche, de la godiche ou de l'imbécile, le benêt s'enlise dans la sottise et la niaiserie. Il manque aussi de jugement et de bon sens.

Colas (n. m., XVIIIᵉ s.).
Niais, balourd, stupide, gauche et ahuri, le colas laisse plutôt indifférent. Il n'attire ni la sympathie ni le mépris. Dans *Les Mystères de Paris*, Eugène Sue (1804-1857) emploie très souvent ce terme, notamment sous une forme adjectivale. Il utilise même le féminin colasse.

Comprenette (n. f., XIXᵉ s.).
Le gentil benêt dispose d'une intelligence étriquée. Et cette faculté de comprendre qui se limite aux choses les plus simples prit le nom familier de comprenette. Le substantif a donc ici le sens d'intelligence médiocre.
Le mot se prêta donc à la construction de fort jolies expressions qui viennent intensifier la difficulté que manifestent certains jobards, niais et nigauds (voir p. 125, p. 126 et p. 127) à saisir une explication. Aussi évoquait-on la comprenette enrayée ou rouillée de telle ou telle nunuche. Par exemple, pour qualifier le manque de vivacité intellectuelle d'un élève, les instituteurs aimaient employer les locutions suivantes :

« T'es dur de la comprenette » ou « T'as pas la comprenette facile ».
On rencontre aussi des variantes plus rares, telles que comprenoire ou comprenure.

Imbriaque (n. m. et adj., XVIIIe s.).
Souvent affublé d'étranges vêtements et ayant une dégaine bizarre, l'imbriaque ne passe jamais inaperçu. D'autant qu'il a le verbe haut et qu'il n'hésite pas à tenir des propos décousus ou extravagants en s'appuyant sur une élocution pour le moins hasardeuse. Mais il convient de mettre cette excentricité sur le compte d'une douce folie. Car en fait, l'imbriaque n'a plus vraiment toute sa tête.
Dans la région provençale, ce mot désignait un ivrogne, peut-être sous l'influence du latin *ebriacus* (ivre). Ce qui donna d'ailleurs ébriété (ivresse) à partir d'*ebrietas.*

Janoterie (n. f., XIXe s.).
Plaisanterie ou attitude déplaisante, stupide et de mauvais goût, voire parfois blessante, la janoterie importune toujours ceux qui la subissent directement. Aussi a-t-elle le don d'exaspérer plutôt que de déclencher l'hilarité.
Voir aussi *Janotisme*, p. 91.

Jobard(e) (n. et adj., XIXe s.).
Proie favorite des escrocs, le jobard souffre d'une naïveté extrême. Au point que sa crédulité

maladive le pousse à tomber dans tous les pièges tendus par les aigrefins (voir dans la rubrique *Voleur*, p. 268), filous et autres arnaqueurs.

Jocrisse (n. m., XVIIe s.).
Idiot dépourvu de toute volonté et prêt à avaler n'importe quelle galéjade (voir dans la rubrique *Mensonge*, p. 163), le jocrisse se laisse facilement berner. C'est une sorte de jobard (voir plus haut) doublé d'un indécrottable crétin.

Loquedu(e) (n. et adj., XXe s.).
Dans l'argot des faubourgs, le loquedu n'a rien de bien méchant. Personnage fort original, son comportement et ses propos bizarres l'inscrivent généralement dans la famille des doux cinglés, des fous et des toqués que leur douce malice rend plutôt sympathiques. Mais le sens a rapidement dérivé pour se rapprocher de minable ou de misérable, voire de méprisable.

Niais(e) (n., XIIIe s.).
Les experts dans l'art de la fauconnerie baptisaient de faucon niais l'oiseau de proie qui n'était encore jamais sorti du nid. Notion que l'on retrouve dans l'acception moderne de la niaiserie pour évoquer une personne gauche, sans expérience, voire un peu sotte. Elle aussi donne l'impression de n'avoir pas encore lâché les jupes de sa mère.

Nigaud(e) (n. et adj., XVᵉ s.).
Le nigaud cultive à merveille une sorte de maladresse benoîte qui le rend attendrissant. Il ne viendrait d'ailleurs à personne l'idée de se moquer franchement d'un nigaud, tant son comportement bébête, embarrassé et gauche relève avant tout d'un évident manque de jugement empreint d'une touchante sottise. À l'image du niais, du bêta, du benêt ou du nunuche, le nigaud attire toujours la sympathie.

Pécore (n. f., XVIᵉ s.).
Femme stupide et faussement maniérée, la pécore « nationale » ressemble d'assez près à la pecque provençale. Hautaine et effrontée, voire méprisante et insolente, la pécore ne recule devant rien pour étaler son arrogante vanité.
Utilisé parfois dans une acception argotique au genre masculin, le pécore est un paysan. Le mot est alors synonyme de péquenaud, de bouseux ou de plouc.

Pecque (n. f., XVIIᵉ s.).
Sotte et prétentieuse, la pecque affiche de surcroît une impertinence tapageuse, gouailleuse et goguenarde. Ce qui lui vaut le plus souvent d'être la risée du village. Le terme a surtout été utilisé en Provence.

Péronnelle (n. f., XVIIᵉ s.).
Sotte, puérile et apprêtée, la péronnelle se dis-

tingue toutefois de la pécore par une attitude un peu moins orgueilleuse. En revanche, elle excelle dans d'interminables bavardages d'une agaçante futilité.

Au XVe siècle, Perronnelle (qui deviendra Péronnelle) se pose en diminutif du prénom féminin Perronne. Certains affirment qu'il pourrait aussi s'agir d'une forme populaire de Pétronille. Quoi qu'il en soit, une célèbre chanson de l'époque met en scène une brave Perronnelle. Aussi la péronnelle va-t-elle caractériser une chanson entraînante, un air sur lequel on aime danser.

Tocard(e) (n. et adj., XIXe s.).
D'abord appliqué aux choses laides, sans valeur et démodées, le mot désigna très vite des individus qui ne brillent guère par leur élégance vestimentaire ou par un physique agréable. Suranné et généralement enclin à engager des conversations de mauvais goût, voire franchement vulgaires, le tocard (ou toquard) se conduit toujours de façon ridicule. D'autant que ce ringard n'hésite pas à ajouter des airs maniérés ou sentencieux à ses attitudes désuètes et dépourvues des règles élémentaires du savoir-vivre. Le tocard ressemble donc d'assez près au loquedu (voir p. 126), mais il possède en prime une pointe d'ambition totalement déplacée.

Dans le langage des turfistes, le tocard est un

cheval médiocre et irrégulier qui n'a aucune chance de gagner une course.

La bécasse est bridée (exp., XVIIe s.).
Tout bon cordon-bleu prend soin de ficeler un poulet pour empêcher la déformation de l'animal lors de la cuisson. Cette opération s'appelle brider une volaille. Mais l'expression apparaît une bonne centaine d'années après la locution qui nous intéresse ici et il est donc difficile d'imaginer une quelconque influence. Pourtant, l'aspect d'une bécasse bridée devant la rôtissoire convenait assez bien à l'idée de balourdise hébétée que véhicule cette formule.
Il semble qu'il faille plutôt chercher du côté du lacet, ce nœud coulant utilisé par les chasseurs pour capturer le gibier. Ruban de cuir que les braconniers auraient appelé familièrement bride. Ainsi pouvaient-ils fièrement annoncer, lorsque le volatile tombait dans le piège du lacet : « La bécasse est bridée. » Par analogie, lorsqu'un brave nigaud se laisse appâter par un grossier canular, les méchantes langues jubilent en murmurant la même chanson : « La bécasse est bridée » ! Exclamation également utilisée pour parler d'une jeune femme qui convole en justes noces et qui se serait, comme le volatile, bêtement précipitée dans la chausse-trappe du mariage.

I comme... Idiot

Être un lustucru (exp., XVIIIe s.).
Croyez-moi, il fallait vraiment mettre la main à la pâte pour dégotter cette plaisante tournure en forme d'onomatopée burlesque ! Elle a pris naissance dans la contraction purement phonétique du verbe croire conjugué au conditionnel passé deuxième forme : l'eusses-tu cru ? Allez savoir pourquoi, l'expression a été utilisée pour parler d'un individu dont personne ne veut citer le patronyme. Un peu comme s'il s'agissait d'un personnage irréel, virtuel ou dénué de tout intérêt. À moins que l'orateur ait voulu éviter de prononcer le nom par mépris.

Aujourd'hui, les termes machin, chose, bidule, untel ou tartempion remplacent un patronyme oublié ou volontairement banni de la conversation, comme pour traiter avec dédain le quidam en question. Être un lustucru prendra très rapidement une nuance rieuse, probablement à cause de la sonorité enjouée de la locution. Le mot deviendra un sobriquet amusant pour qualifier un gentil benêt, une sorte d'imbécile heureux mais il désignera aussi un cocu.

Le vocabulaire ne manque pas pour dépeindre un imbécile, un sot, un niais, un nigaud, un idiot ou un crétin. Au XIXe siècle, beaucoup utilisent l'expression : « c'est un jean-farine ». Le mot eut son heure de gloire en référence aux farces enfarinées dans lesquelles l'acteur qui joue le rôle du gros bêta se saupoudre la figure de farine (j'enfarine, d'où jean-farine). À l'instar du comédien de ces farces ou du pierrot lunaire chez les clowns, le jean-farine a toujours bénéficié d'un capital de sympathie dans les communautés rurales de l'époque.

Sot comme un panier (exp., XVIIe s.).
La relation entre le panier et l'imbécile ne tombe pas immédiatement sous le sens. En toute objectivité, ce pauvre cabas joliment tressé — qu'il soit hotte, corbeille ou bourriche — n'a rien de plus stupide qu'un élégant sac de toile ! Il convient donc de traquer la niaiserie au cœur même de l'objet. Car s'il rend effectivement maints services pour transporter fruits, légumes et animaux, le panier perd toute valeur fonctionnelle dès qu'il s'éventre. Là, il a franchement l'air bête en perdant toute utilité (et en perdant ce que son propriétaire confiant a mis à l'intérieur).
Inutile de chercher plus loin la corrélation. L'expression puise bel et bien ses racines dans cette notion d'objet percé. De la même façon que le réceptacle laisse échapper son contenu, le nigaud ne retient rien : il est sot comme un panier.

S'y entendre comme à ramer des choux (exp., XVIIe s.).
Tout d'abord, il convient de préciser le sens du terme ramer. Dans le contexte qui nous intéresse, le verbe n'a rigoureusement rien à voir

avec les avirons qui servent à diriger une embarcation. Ici, ramer se rapporte à l'horticulture. Le mot signifie : soutenir des plantes grimpantes avec des rames, c'est-à-dire au moyen de petites branches bien droites fichées en terre. Par exemple, la rame supporte la tige qui ploie sous le poids des pois ! Il existe d'ailleurs des variétés de pois ou de haricots dits « à rames ».
À l'inverse, il semblerait parfaitement inutile et saugrenu de recourir à des tuteurs pour faciliter la bonne croissance des choux. Autant dire que celui qui s'y risquerait ferait preuve d'une parfaite ignorance des choses les plus élémentaires. Aussi dit-on fort logiquement d'un individu maladroit et incompétent qu'il s'y entend comme à ramer des choux.

Insolite

Hurluberlu (n. m., XVIe s.).
Écervelé, loufoque, extravagant et farfelu, voire gaffeur, l'hurluberlu se conduit, parle et agit de façon excentrique, étrange, bizarre. Et, le plus souvent, son comportement ne manque ni d'aisance ni de naturel.

Loufoque (adj., XIXe s.).
Ce mot qualifie une attitude à la fois extravagante, drolatique et insensée. Un personnage loufoque aurait tendance à accomplir des gestes

I comme... Insolite

inconsidérés ou à se complaire dans des situations hors normes. De tels individus se placent donc volontiers en marge de la société.

Le terme loufoque prend racine dans le parler en « lem », une sorte de langage codé qui fut inventé par la corporation des bouchers parisiens du XIXe siècle. Cette amusante pratique leur permettait de tenir des propos que les oreilles indiscrètes (ou chastes) des clientes ne comprenaient donc pas. De nos jours, le parler en « lem » a disparu, mais les jeunes gens utilisent le verlan et ils font parfois preuve d'une imagination débordante pour inventer des messages simplifiés à l'extrême (dits textos) sur leur téléphone mobile. Au point que les mots ne se présentent plus que sous la forme de consonnes et de bribes de syllabes. Hier comme aujourd'hui, ce principe qui consiste à malaxer le verbe pour créer d'autres références lexicales et syntaxiques renforce le sentiment d'appartenance à un clan.

Dans le parler en « lem », le principe consiste à ajouter cette syllabe à la fin d'un mot. Ensuite, vous inversez la première lettre du mot et le « l » du suffixe « lem ». Exemple : boucher devient *boucherlem*, puis *loucherbem* après inversion des lettres. Certains vont ensuite éventuellement le transposer (et l'écrire) en *louchébème*. Ou, plus simplement, en *louchebem*.

D'autres se sont aussi mis à parler en « loque ». Ils ont ainsi créé le terme loufoque. À l'origine, il y avait bien sûr le mot fou. Toujours selon le même principe, le rajout de « loque » donne *fouloque*, puis loufoque par inversion du « l » et du « f ». Et enfin *louf*, si le petit jeu se poursuit en supprimant une syllabe à la fin du mot. Ce qui s'appelle une apocope. Autres exemples d'apocopes : manif, télé, métro, prof, auto, extra, etc. Mais aussi « en douce », apocope de « en douceur ». Dans son sens premier, la tournure « en douce » qualifiait d'ailleurs une tâche exécutée avec grand soin. Mais la locution se chargera très rapidement d'autres nuances. « En douce » va ainsi désigner une action réalisée dans la plus grande discrétion, avec tact et prudence. Finalement, la tournure prendra une connotation péjorative. Ainsi, une action exécutée en douce ressemble fort à une opération menée à la sauvette, en catimini, comme si l'acteur d'un tel geste avait quelque chose à se reprocher. Soulignons que la locution familière « en loucedé » a bien évidemment le même sens. Elle a elle aussi été construite selon la méthode du parler en « lem » : douce devient *doucelem*, puis *loucedem* et enfin *loucedé* par abréviation ou apocope.

L'inverse de l'apocope s'appelle une aphérèse. Le principe consiste à supprimer une syllabe au début du mot. Exemples : pitaine (capitaine), car (autocar).

Maboul(e) (n. et adj., XIXe s.).
Dans le langage familier, voire argotique,

quelqu'un de complètement maboul passe pour un fou irrécupérable. Certains attribuent aussi au maboul un comportement proche de celui qu'affectionnent les individus loufoques.

Intellectuel

Bas-bleu (n. m., XIXe s.).
Traduction littérale de l'anglais *blue stocking*, le terme bas-bleu qualifie une intellectuelle pédante qui passe l'essentiel de son temps à pérorer plutôt qu'à agir. Et ce, tout particulièrement dans un domaine qui semble pourtant la passionner : l'écriture. Autrement dit, le bas-bleu est une femme dont les prétentions littéraires s'arrêtent au champ du verbiage, des simagrées et du salmigondis.

L'auteur de la formule revient au poète et essayiste britannique Alexander Pope (1688-1744), dont la traduction en vers de *L'Iliade* (1720) est considérée comme un véritable chef-d'œuvre par les spécialistes du genre. Petit et bossu, Alexander Pope n'aura pas une vie amoureuse très exaltante. Aussi ne compose-t-il que deux textes d'inspiration sentimentale, dont l'un fut dédié à sa maîtresse, lady Montagu. Cette élégante qui tient un salon littéraire réputé commet l'erreur de congédier assez peu civilement son amant. Mais Alexander ne manque pas d'esprit. Sa plume ironique et légère, parfois grinçante, voire satirique et prompte à l'indignation, le prouve. L'essayiste se venge en affublant lady Montagu du sobriquet de *blue stocking*, au prétexte que la belle dévergondée portait des bas bleus. Ses amis prendront un malin plaisir à répandre ce néologisme qui semble amuser pas mal de monde, au point que le mot vit toujours. Et, malheureusement, les bas-bleus aussi !

Inutile

Brimborion (n. m., XVe s.).
Sorte de babiole, bibelot sans importance, breloque, fanfreluche (voir plus bas) ou colifichet, le brimborion n'a rigoureusement aucune valeur et, le plus souvent, il ne sert à rien. Dans ce cas, il se rapproche du gadget. Par extension, le brimborion s'applique aussi aux faits dépourvus de tout intérêt.

Tous ces concerts surfaits que d'aucuns portent au pinacle, Robert les a toujours considérés comme de vulgaires brimborions.

Dans sa jeunesse, Marie-Chantal aimait à entasser les brimborions sur les étagères de sa bibliothèque. Elle prétextait qu'ils lui portaient chance.

Fanfreluche (n. f., XVIe s.).
Une bagatelle, un rien, une petite chose légère, futile et sans consistance, une broutille ou une

babiole, autant de mots qui évoquent la fanfreluche. Généralement employé au pluriel, le mot désigne alors des ornements vestimentaires originaux et voyants (ou parfois ridicules) qui agrémentent une toilette féminine (dentelles, nœuds, broderies, passementeries, falbalas, volants, etc.).

Faire deux morceaux d'une cerise (exp., XVIIe s.).
Maniaques, pointilleux et tatillons passent le plus clair de leur temps à chercher des poux dans la paille (c'est-à-dire à chercher la petite bête). Par nature sourcilleux, ils s'arrêtent à maintes minutieuses vérifications sans objet qui entravent le plus souvent le cours des choses. Ils coupent les cheveux en quatre avec, chevillé au corps, le souci extrême, voire maladif, du détail. Par zèle excessif, tout ce joli monde ferait sans peine deux morceaux d'une cerise !
Voir aussi à la rubrique Travail : *Tirer sa poudre aux moineaux* (p. 250) et *Travailler comme un cogne-fétu* (p. 250).

Tondre sur un œuf (exp., XVIIe s.).
L'image ne manque pas de saveur. Imaginez quelqu'un en train de tondre sur un œuf. Que peut-il espérer ? Rien ! Jamais son travail, si acharné soit-il, ne lui permettra de récolter le moindre poil pour confectionner pinceaux, brosses ou balais. Autrement dit, tondre sur un

I comme... Inutile

œuf n'a rigoureusement aucun sens et ne risque pas de rapporter le moindre fifrelin.

Par extension, cette locution illustre le comportement d'un individu qui manque du plus élémentaire bon sens, au point de s'engager dans des chemins sans issue ou de se lancer des défis insurmontables. Le tondeur d'œuf ressemble aussi à ces personnages méticuleux, toujours prêts à chercher le moindre détail là où personne n'en aurait supposé l'existence. Cependant, ce goût immodéré de la minutie ne le rend généralement pas très sympathique.

Laid

Blèche (adj., XIXe s.).
Geignard et pleurnichard, un individu blèche se caractérise d'abord par son manque évident d'énergie. Tempérament faible et dolent, il ne prend aucune décision et se contente de subir les événements en toute occasion. Par extension, le terme va aussi désigner un personnage franchement laid, voire repoussant. Mais l'adjectif aura aussi le sens de sot, lâche ou paresseux.
Par ailleurs, une viande ou une cuisine immangeable peuvent être également qualifiées de blèches (le mot prend alors le sens de mauvais). Dans certaines régions (notamment en Normandie), on a parfois employé cet adjectif comme synonyme de blette (XIIe s.). Il est vrai qu'une poire blette, donc trop mûre, possède une chair ramollie qui rappelle la personnalité déliquescente d'un homme blèche. Mais la

confusion peut très bien résulter de la proximité phonétique des deux mots.
À la même époque, on rencontrait parfois l'adjectif bléchard, dans une acception proche de décati, défraîchi, fané. Ainsi, devenir bléchard signifiait tout simplement devenir vieux.

Crapoussin (n. m., XVIIIe s.).
Individu de petite taille, trapu, plutôt jovial, bonasse et rondouillard, voire bedonnant, le crapoussin ne brille guère par sa distinction et il n'a aucune chance de figurer en bonne place sur une gravure de mode. Mais, malgré un physique ingrat, le comportement guilleret du crapoussin contribue à atténuer sa disgrâce et, finalement, à le rendre assez sympathique.

Accompagné de quelques copains de sa classe, Robert avait accepté de suivre les leçons de catéchisme grâce à un jovial crapoussin qui ne manquait jamais une occasion de leur faire goûter du vin de messe.

Sapajou (n. m., XVIIe s.).
Dans l'ordre des primates (dont l'homme fait partie) figurent les lémuriens et les singes. Dans cette dernière catégorie, on distingue les platyrhiniens (que l'on appelle aussi singes du Nouveau Monde) et les catarhiniens (singes de l'Ancien Monde). Arboricoles, les platyrhiniens se déplacent de branche en branche à l'aide de leurs longs bras et d'une queue préhensile qui sert aussi à la locomotion. Ce groupe se décom-

pose en deux familles : les hapalidés (ouistitis et tamarins) et les cébidés (atèles, sapajous et singes hurleurs). Singe originaire d'Amérique du Sud, le sapajou possède un pelage sombre et court.

Le mot acquit au XIXe siècle une connotation péjorative pour dépeindre un homme particulièrement laid, parfaitement ridicule, voire puéril ou borné. Sapajou s'employa également pour évoquer un vieux libertin ou un vieillard lubrique.

Avoir la gueule comme une écumoire (exp., XIXe s.).
Ustensile de cuisine criblé de trous, l'écumoire (sorte de passoire) peut faire penser à une peau dévastée par de petites cicatrices qui ont laissé de multiples, minuscules et disgracieuses cavités. Le malheureux qui a la gueule comme une écumoire porte en fait les stigmates de la petite vérole (la variole). À la même période, un visage marqué par les conséquences de cette terrible maladie se voit encore gratifié d'images qui font toutes références aux trous : morceau de gruyère, moule à gaufres ou poêle à châtaignes.

Avoir les paupières en capote de fiacre (exp., XIXe s.).
Le plissé d'une jupe ou d'un rideau peut souvent être harmonieux. On peut le qualifier de plissé soleil (lorsqu'il se déploie à l'image des rayons

de l'astre) ou de plissé lampion (lorsque la subtilité des fronces suggère les rides d'une lanterne vénitienne). Dans le même esprit, une capote de cabriolet – fût-elle parfaitement tendue – dessine avec sa toile et ses armatures un savant drapé qui ne manque pas de charme.

Mais ce qui sied aux jupes, aux voilages et aux rideaux ne convient pas vraiment aux paupières ! Ainsi, dire de quelqu'un qu'il a les paupières en capote de fiacre (ou de cabriolet) ne relève pas vraiment du compliment. L'expression concerne ceux qui possèdent de petits yeux plissés, ou de lourdes paupières quelque peu avachies.

Ceux qui arborent d'énormes quinquets saillants, des sortes de boules de loto à fleur de tête (comme poussées au-dehors) ont les yeux en lanternes de cabriolet.

Une enseigne à bière (loc., XVIIe s.).
Souvent, les gravures de rue de l'époque rendent assez fidèlement compte du détail des enseignes qui ornent la devanture des échoppes du bas Moyen Âge. À l'évidence, de nombreux panneaux, ancêtres d'une certaine forme de publicité, ne manquent manifestement pas d'allure (notamment ceux réalisés par des artisans de talent). Ces authentiques pièces feraient aujourd'hui le bonheur des collectionneurs et la fortune des antiquaires.

En revanche, le tenancier d'une banale taverne

ne se préoccupait guère d'originalité — ni de qualité — pour renseigner sa clientèle sur l'objet de son commerce. Par analogie, une enseigne à bière désigne donc un tableau de mauvais goût ou une toile réalisée très grossièrement par un peintre maladroit. Par extension, l'expression peut s'appliquer à tout objet de médiocre fabrication et sans caractère.

Maigre

Sécheron (n. m., XIIe s.).
Pour décrire un individu excessivement maigre, une expression populaire très imagée dit qu'il n'a plus que la peau sur les os. Le corps du malheureux semble avoir perdu ses substances fluides, un peu comme si toute l'eau de son corps s'était évaporée, ne laissant plus qu'une silhouette déshydratée, totalement asséchée. Pour caractériser une telle morphologie, on utilisait alors le terme évocateur de sécheron.

Un grand flandrin (exp., XVIIe s.).
La locution en forme de sobriquet s'applique à une espèce de grand dadais à la silhouette longiligne. Le genre de jeune homme un peu niais, sans grande personnalité, effacé, souffreteux et fluet. Et de surcroît légèrement voûté, un peu comme s'il devait porter le poids du monde sur ses frêles épaules.

Un trente-six côtes (exp., XVIIe s.).
Os plats qui s'articulent sur la colonne vertébrale et le sternum, les côtes du squelette humain délimitent la cage thoracique. Et chaque individu normalement constitué en possède douze paires. Imaginez ce qui arriverait à quelqu'un qui serait pourvu de trente-six côtes. Sans nul doute, sa taille colossale lui permettrait de faire fortune dans le basket américain. Mais en ces temps reculés, un homme d'une telle stature ne lorgnait pas sur les paniers percés. Il ne manquait toutefois pas d'atouts, notamment pour décrocher maintes babioles pendues aux poutres de la maisonnée. Ainsi qualifie-t-on également le trente-six côtes de dépendeur d'andouilles.

Malchance

Guigne (n. f., XIXe s.).
Relayées par un irrépressible besoin collectif qui consiste à entretenir de curieuses croyances, les notions de chance et de malchance alimentent depuis la nuit des temps les plus invraisemblables superstitions censées apporter le bonheur ou, au contraire, susceptibles d'attirer les pires désastres. D'aucuns semblent ainsi réussir avec une facilité déconcertante à peu près tout ce qu'ils entreprennent, tandis que d'autres pataugent indéfiniment dans l'échec ou se débattent

dans d'inextricables difficultés. Un indestructible cliché veut que les premiers soient nés sous une bonne étoile, alors que les seconds seraient marqués à tout jamais par l'influence malsaine des plus néfastes auspices. Certes, certains joueurs perdent beaucoup d'argent au casino, ne gagnent pas au tiercé ou s'évertuent à acheter des billets de loterie sans jamais décrocher le gros lot. Du point de vue statistique, rien de plus normal ! Mais la tradition populaire soutient que la guigne (malchance, mauvais sort) s'accroche à leurs basques. Comme si une main invisible leur portait la poisse. On peut dire aussi que tel ou tel personnage, acte ou objet porte la guigne.

Dans un tout autre registre, le mot guigne (XIIe s.) désigne également une petite cerise rouge ou noire, plutôt sucrée et pourvue d'une longue queue. Au sens figuré, le terme peut donc caractériser une chose futile et insignifiante. Bref, une chose qui n'a aucun intérêt et qui ne mérite pas de retenir l'attention. Une expression l'illustre clairement : s'en moquer comme d'une guigne.

Malice

Voir aussi *Ruse*, p. 218.

Chafouin(e) (n. et adj., XVIIe s.).
Sournois, fourbe et doucereux, le chafouin ne

manque pas d'habileté dans son commerce avec autrui. Rusé, malin, madré, voire retors, il promène une silhouette fluette. Son visage effilé, mince et percé de petits yeux, vifs mais fuyants, fait penser au museau d'une fouine... qui rime avec mine chafouine.

Franc, loyal, honnête, direct et sincère, Robert déteste évidemment les chafouins.

Coquin(e) (n. et adj., XIIe s.).
Espiègle, futé, taquin, vif et malicieux, le gamin que l'on qualifie aujourd'hui tendrement de coquin n'a rigoureusement plus rien de commun avec l'individu peu recommandable des siècles passés. Autrefois, le coquin s'appliquait aux personnes sans scrupules et malhonnêtes. Le mot avait même valeur d'injure. Et le coquin restera longtemps un bandit, une canaille, un chenapan, un maraudeur. Puis la vigueur de son acception première va s'estomper pour nous conduire vers un sens plus modéré : fripon, polisson.
Ce mot ne manque décidément pas de ressources. En effet, une coquine fut, et est encore, également une femme aux mœurs légères, une débauchée. Quant à notre sympathique Robert, chacun souhaite que sa Marie-Chantal n'ait pas de coquin, car cela signifierait qu'elle le trompe avec un amant.
Voir aussi à la rubrique *Voleur*, p. 268.

Facétie (n. f., XVIᵉ s.).
Farce, plaisanterie et bouffonnerie expriment au mieux la facétie. Si le comique d'une telle situation exclut toute vulgarité, il ne brille cependant pas par une exquise subtilité. Les ficelles de la facétie sont donc généralement un peu grosses, mais toutefois efficaces. Elles ajoutent d'ailleurs à la parole une gestuelle drolatique. La facétie n'a qu'un but louable : faire rire sans recourir à la méchanceté et en utilisant plutôt les élans d'une gaieté truculente.

Goguenard(e) (adj., XVIIᵉ s.).
Sur la place du village, les jours de foire ou de marché, habiles marchands de bestiaux et paysans madrés se toisent et s'apostrophent sur le registre de la plaisanterie. Œil narquois et ton gouailleur se conjuguent avec une douce raillerie. Comme s'il leur fallait se moquer gentiment de leur interlocuteur pour se persuader d'avoir réalisé une excellente affaire. Il existe ainsi moult situations de la vie quotidienne dans lesquelles certaines personnes affichent volontiers un air (regard, sourire, etc.) goguenard, qui tient donc à la fois de l'ironie et de la facétie.

Manger

Agape (n. f., XVIᵉ s.).
Le plus souvent utilisé au pluriel, ce substantif se rapporta d'abord aux repas du soir que

prenaient en commun les premiers chrétiens au cours desquels ils pratiquaient le rituel eucharistique. Par extension, le terme désigne aujourd'hui tout repas qui réunit des convives animés par un engagement commun (social, associatif), par des liens de parenté ou par une vigoureuse amitié assimilable à une réelle fraternité. Le terme a continué de dériver en assimilant aux agapes les banquets et festins qui rassemblent des confrères ou des collègues de travail. Dans la franc-maçonnerie, les agapes désignent un repas qui suit ou accompagne les travaux d'un atelier.

Alléluia (n. m., XVIIe s.).
Cri de gloire et d'allégresse qui ponctue certains chants chrétiens, l'alléluia ne concerne pas ici une pièce musicale religieuse, mais plutôt un bon morceau de bœuf. À savoir l'aloyau, situé très précisément dans la région lombaire de l'animal qui renferme le filet, le contre-filet et le rumsteck.
D'aucuns imaginent que la ressemblance phonétique entre les termes aloyau et alléluia serait à l'origine de la substitution. Essayez toujours de demander un alléluia à votre boucher !

Ambigu (n. m., XVe s.).
Chacun sait que l'adjectif ambigu définit un propos (texte ou discours) équivoque, flou,

incertain. Et une explication ambiguë sera donc suffisamment vague, imprécise, obscure ou alambiquée pour déboucher sur de multiples interprétations possibles.

Mais l'acception qui nous intéresse ici concerne le substantif. Un ambigu évoque un mélange de choses de natures ou de qualités diverses et variées. Et dans le vocabulaire culinaire, l'ambigu en vint à caractériser un repas (généralement froid) où tous les plats sont présentés aux convives en même temps, des hors-d'œuvre aux desserts. Il s'agit donc d'un assortiment de mets variés.

Briffer (v. tr., XVIe s.).
Un insatiable goinfre qui ingurgite la nourriture avec frénésie mange beaucoup trop, et souvent fort salement. Ce glouton bâfre, bouffe, se gave et s'empiffre. Bref, il briffe. Dans l'argot des militaires, le briffeton désigne le pain.

Crevaille (n. f., XVIe s.).
Un joyeux et plantureux festin où les invités mangent et boivent plus que de raison correspond à une crevaille. Chacun se gave à s'en faire éclater l'estomac, à s'en « crever la panse ».

Galimafrée (n. f., XVIIe s.).
Recette confectionnée à partir de la viande hachée d'un gigot cuit à la broche, la galimafrée se servait à l'origine en entrée. Ce plat deviendra

ensuite une sorte de fricassée, mais certains cuisiniers le définissent comme un ragoût composé de viandes différentes.

Finalement, la galimafrée se transformera en un mélange grossier constitué de restes divers et variés. En un peu plus d'un siècle, ce mets aura ainsi perdu toute originalité culinaire et le mot se teintera d'une connotation péjorative pour désigner un repas copieux, peu appétissant, mal préparé et indigeste.

Gâte-sauce (n. m., XIXe s.).
Les gourmets fuient la table des gâte-sauces, joli petit mot qui cache un très mauvais cuisinier. À l'origine, le terme désignait plutôt un marmiton, substantif utilisé au XVIe siècle pour désigner un aide-cuisinier.

Goberger (se) (v. pron., XVIIe s.).
Des invités qui se gobergent manquent pour le moins de distinction et ils ne connaissent manifestement rien aux bonnes manières. Car non seulement ces gloutons bâfrent et s'empiffrent avec frénésie, mais ils se conduisent aussi avec grossièreté, prennent leurs aises et, par exemple, ne dédaignent pas de réclamer tel ou tel vin, ou même d'exiger la musique d'ambiance de leur choix. Ils n'appartiennent pas uniquement à la catégorie des insatiables goinfres, mais ils ignorent également tout des plus élémentaires rudiments de la politesse. Par extension, le verbe a

pris le sens de faire bombance (voir *Ripaille*, p. 155).
Dans une acception très peu répandue, se goberger a aussi été l'équivalent du verbe se moquer (de quelqu'un).

Gogue (n. f., XVIᵉ s.).
Saucisse des régions angevine et auvergnate, la gogue se compose des ingrédients suivants : herbes fraîches finement hachées (épinards, oignons, persil, cives), sang et viande de porc coupée en dés. La gogue est une sorte de boudin aromatisé aux herbes. Mais le mot s'applique également à un ragoût où se mêlent pommes de terre, lard, herbes et œufs.
Voir aussi *Goguenard* et *Goguette* à la rubrique *Rire*, p. 213.

Pignocher (v. intr., XVIIᵉ s.).
Le souffreteux, le dépressif ou le convalescent apprécie très moyennement le retour aux festins et banquets plantureux. Et même un déjeuner frugal ne parvient pas à réveiller en lui les saveurs de son plat préféré, tant ses papilles restent encore anesthésiées par les remèdes qui tuent l'appétit tout autant que bactéries et virus. Affaibli par une bonne semaine de traitement, le patient sur la voie d'un prompt rétablissement a donc beaucoup de difficultés à goûter aux plaisirs de la table. Ainsi, pendant quelques jours, il va pignocher dans son assiette. Autrement dit,

il mange lentement, avec dégoût, du bout des dents, en écartant avec dédain les morceaux de viande d'un petit coup de fourchette avant de se décider, finalement, à piquer le plus docile. De même, certains enfants qui ne veulent pas manger, tripotent la nourriture dans leur assiette.
Dans l'argot des peintres du XIXe siècle, le verbe pignocher signifie peindre à petits coups de pinceau délicats (par analogie avec les coups de fourchette). Mais l'application et la minutie, voire la méticulosité, apportées à la facture du tableau ont parfois voulu traduire une approche quelque peu laborieuse du travail de l'artiste. Dans ce cas, le verbe acquiert une nuance péjorative qu'il convient de déceler en fonction du contexte. Car, fondamentalement, pignocher s'applique à une peinture soignée.

Ragougnasse (n. f., XIXe s.).
Comparable au rata (voir plus bas) ou à la galimafrée (voir p. 151), la ragougnasse désignait à l'origine un ragoût, qu'il s'agît d'une blanquette, d'un bourguignon, d'un civet ou d'un cassoulet. Mais la ragougnasse prit rapidement le sens plus général de plat infect, voire immangeable.

Rata (n. m., XIXe s.).
Abréviation de ratatouille, le rata devint très populaire dans l'armée pour définir un repas chaud composé de produits de base difficilement

identifiables (légumes, sauce et très rares morceaux de viande). Le rata ressemble donc à un grossier ragoût. Par extension, le terme en vint à caractériser une nourriture infecte.

Ripaille (n. f., XVIe s.).
Un plantureux festin arrosé comme il se doit des meilleurs vins se déroule généralement entre amis dans une ambiance enjouée. Ce type de repas où chacun mange et boit avec excès s'appelle une ripaille, ou, plus familièrement, un gueuleton (XVIIIe s.). Tout naturellement, le ripailleur s'amuse et festoie : il aime faire ripaille ou ripailler (v. intr.). Il existe de nombreux termes qui se rapprochent du sens de ripaille. Par exemple, la bringue (XIXe s.) tourne plutôt à la beuverie grossière et préméditée. Celle-ci correspond d'assez près à une bamboche (XVIIIe s.) organisée, voire à une bombance (XVIe s.) qui donnera, par abréviation, une bombe (XIXe s.). Ainsi dit-on « faire la bringue », « faire bombance », « faire la bombe » ou « faire bamboche » (mais aussi bambocher) pour désigner les folles soirées des joyeux lurons (bambocheurs) qui abusent des plaisirs de la table dans l'optique de célébrer un événement exceptionnel.

Pour célébrer sa réussite à l'examen du permis de conduire, Robert bambocha toute la nuit avec ses meilleurs amis.

Salmigondis (n. m., XVIIᵉ s.).
Voir *Écrire*, p. 87.

Sot-l'y-laisse (n. m., inv. XVIIIᵉ s.).
Que peut bien laisser un sot occupé à briffer (voir p. 151) ? Eh bien ! celui qui bâfre, s'empiffre et bouffe plus qu'il ne déguste ne remarque jamais la fine portion de chair succulente (et peu apparente) qui se situe juste au-dessus du croupion d'une volaille, de chaque côté de la carcasse. Dans sa gloutonnerie précipitée, ce vorace ignore le meilleur morceau. En d'autres termes, ce sot l'y laisse.

Connaître le journal (exp., XIXᵉ s.).
Le geste qui consiste à lire attentivement un menu de restaurant largement déployé sous ses yeux ressemble à s'y méprendre à la posture du lecteur d'un journal. Aussi, lorsqu'ils se rendent à une invitation à dîner chez des amis, certains se gaussent de connaître le journal dans la mesure où ils savent à l'avance ce qui sera servi.

Estropier un anchois (exp., XIXᵉ s.).
Pour succulent qu'il soit, l'anchois, petit poisson de la Méditerranée, se consomme le plus souvent en hors-d'œuvre sous une forme marinée et salée. En principe, sauf à avoir un appétit de moineau, personne ne fait un repas complet avec des filets d'anchois. Quant au verbe estropier, il prend ici son sens figuré : tronquer,

altérer, écorcher… Dans le contexte, il signifie tout simplement : manger. L'affamé qui estropie un anchois se contente d'un rapide casse-croûte ou d'une babiole susceptible de remplir sa dent creuse, voire de le mettre en appétit.

Être aises comme rats en paille (exp., XVIᵉ s.). Un individu qui se sent (ou se met) à l'aise n'éprouve aucune crainte. Quelles que soient les circonstances, rien ne le gêne ni ne peut l'embarrasser. Dans la tournure être tout aise, le terme (adjectif) qualifie cette fois une personne heureuse, satisfaite de ce qui lui arrive (il fut tout aise de vous rencontrer). Et dans la forme plurielle, celui qui prend ses aises aime les commodités de la vie, le confort et le bien-être dont il n'hésite pas à étaler les artifices.
L'expression semble résulter d'une amusante conjugaison de ces trois acceptions. Un rat sera bien évidemment enchanté de se retrouver dans la paille, lieu où il pourra également se mettre à l'aise et prendre ses aises sans la moindre appréhension.
Par analogie, ceux qui jouissent d'une réelle abondance de biens (notamment de nourriture dans le contexte du moment) en éprouvent un large contentement qu'ils ne cherchent pas à dissimuler (autrement dit, ils se sentent à l'aise, prennent leurs aises et manifestent un bonheur béat). Ils sont aises comme rats en paille.

Rester sur le rôti (exp., XIXe s.).
La situation concrète qui a conduit à charpenter cette locution proverbiale ne manque pas d'ambiguïté. Tous s'accordent sur une signification générale : l'individu qui reste sur le rôti se veut avant tout prudent, attentif et réfléchi. Mais pourquoi ? En référence à la table ou à la broche ? Impossible de trancher. Jugez plutôt. Le convive avisé peut rester sur le rôti en arrêtant là ses agapes (tout simplement par goût, ou bien par respect pour sa ligne ou sa santé). Il montre ainsi son côté raisonnable qui convient parfaitement au sens de l'expression. Quant au cuisinier chargé de mitonner un bon plat, il prouve tout autant son sens aigu des responsabilités en surveillant dans les moindres détails l'avancement de la cuisson, une précaution élémentaire pour que la viande ne brûle point. Lui aussi reste sur le rôti.

Marcher

Baguenauder (se) (v. intr. ou pron., XVe s.).
Les enfants connaissent la baguenaude, fruit du baguenaudier, un arbrisseau méditerranéen à fleurs jaunes. Lorsqu'ils pressent entre leurs doigts cette sorte de petite vessie remplie d'air, elle éclate d'un bruit sec qui les met aussitôt en joie, comme s'ils venaient de déclencher un

cataclysme miniature. À l'évidence, cette anodine activité ne mérite aucune considération particulière. Aussi a-t-elle produit le premier sens du verbe baguenauder : s'adonner à de vaines et futiles distractions. Dès le XVIIIe siècle, le verbe perdit cette connotation péjorative pour devenir finalement un synonyme de flâner, se promener, se balader en traînassant, un peu à la manière d'un clampin (voir *Baguenaude* dans la rubrique *Dérisoire*, p. 81 et *Paresse*, p. 176).

Musarder (v. intr., XIXe s.).
Flâner le long des rues ou des chemins, ne pas hésiter à s'engager dans de sinueux détours pour atteindre un lieu donné, s'attarder devant les vitrines des magasins ou aux étalages d'un marché sans rien faire d'autre que rêvasser signifie que l'on musarde. Par extension, le verbe a pris une acception moins flatteuse pour désigner celui qui perd son temps à de petits riens au lieu de travailler.

Tortille (n. f., XIXe s.).
En plein été, dans un parc ou dans un bois, les tortilles, c'est-à-dire de petits chemins étroits et sinueux, permettent aux promeneurs d'apprécier les bienfaits des courts instants de fraîcheur que procure l'ombre des grands arbres.

Allonger le compas (exp., XIXe s.).
Mettez-vous debout, jambes écartées et bien

droites ! Ces magnifiques guibolles (ou guiboles) ne forment-elles pas un authentique compas ? Resterait à exécuter des pointes pour que l'effet soit parfait. Maintenant, si vous agitez ce compas dans le sens de la marche, vous allez tout simplement avancer. Et l'allure sera plus ou moins rapide selon l'ouverture donnée à cet instrument naturel composé d'alertes gambettes. Vous l'aurez deviné, le promeneur qui allonge le compas va accélérer l'allure. En ouvrant l'angle de son compas, l'enjambée augmente et il va plus vite.

Mendier

Bélître (n. m., XVe s.).
Maraudeur sans grande envergure et généralement dépourvu de toute agressivité, le bélître appartient à la catégorie des chenapans et gredins qui se contentent de chaparder nourriture et objets de première nécessité pour subsister. En fait, le bélître menait une vie de vagabond et le verbe bélîtrer était alors un parfait synonyme de mendier.

Aller à la chasse avec un fusil de toile (exp., XIXe s.).
Rassurez-vous, ces chasseurs-là ne traquent pas le gibier dans ses moindres recoins pour l'abattre lâchement. Ils ne tendent pas de pièges meur-

triers et ne participent pas davantage aux battues sauvages. D'ailleurs, ils ne s'équipent même pas d'une arme à feu ! En fait, la seule artillerie de ces vagabonds s'apparente à un sac qu'ils appellent un fusil de toile. Et si la musette en question ressemble parfois à une besace, voire à une gibecière, c'est tout simplement pour abriter quelque victuaille péniblement acquise, voire chapardée.

Le nécessiteux qui va à la chasse avec un fusil de toile s'adonne à une mendicité active. Il ne faut pas le confondre avec le gueux fieffé du XVIIe siècle (le terme fieffé aurait ici son sens premier : pourvu d'un fief). En effet, le gueux fieffé se plante toujours au même endroit (par exemple sous le porche d'une église qu'il considère comme son territoire) pour attendre l'aumône des charitables paroissiens. Comme le dit si bien un proverbe à la même époque : « il vaut mieux allonger le bras que le col » (mieux vaut mendier qu'être pendu).

Mensonge

Voir aussi *Hypocrisie*, p. 119.

Bobard (n. m., XIXe s.).
Petit mensonge facétieux ou propos fantaisiste, le bobard relève davantage de la plaisanterie que du profond désir de tromper son auditoire. Loin

de la fraude, de la duperie, de la supercherie ou de la mystification, le bobard se rapproche plutôt de l'amusant canular et de la galéjade (voir p. 163).

Boniment (n. m., XIXe s.).
Camelots et bateleurs savent débiter avec une faconde parfaitement huilée d'ingénieux propos destinés à convaincre des clients potentiels. Mais cette éloquence pittoresque relève davantage du mensonge que de la solide argumentation, car une seule chose compte dans l'art de manier le boniment : d'abord susciter l'intérêt du public pour le pousser ensuite à acheter une marchandise de piètre qualité ou pour le convaincre d'assister à un spectacle médiocre. Par extension, tout discours quelque peu grandiloquent, vide de sens et spécifiquement construit dans le but de séduire et de persuader un auditoire entre sans conteste dans la catégorie des boniments.

Carabistouille (n. f., XIXe s.).
Surtout employé au pluriel, le mot est synonyme de calembredaine. Mais la faconde de l'auteur de carabistouilles se double souvent d'un souci délibéré de tromper l'auditoire. Dans ce cas, les carabistouilles se rapprocheraient plutôt des galéjades.

Bien que natif de Tourcoing, Robert manie avec délice l'usage des carabistouilles, un art probablement hérité de sa grand-mère provençale.

Controuver (v. tr., XIIe s.).
Raconter avec un aplomb sans faille des événements intégralement faux, cela relève de l'invention pure et simple mais aussi du mensonge. D'ailleurs, le verbe controuver a tout d'abord eu le sens d'imaginer avant de devenir synonyme de mentir, cette seconde acception ayant complètement supplanté la première. Seul l'adjectif controuvé s'utilise encore aujourd'hui pour désigner quelque chose d'inexact.

Robert enrage lorsqu'il se laisse duper par une information controuvée.

Galéjade (n. f., XIXe s.).
Nous sommes là dans le domaine de la plaisanterie et de la facétie plutôt que dans le champ de la sottise. En effet, la galéjade relève de l'histoire sciemment exagérée, voire inventée de toutes pièces, et destinée à convaincre un interlocuteur déjà acquis à la cause. À moins que le canular ne soit échafaudé pour mystifier des touristes naïfs, étrangers des coutumes de la région provençale.

Robert apprécie à sa juste valeur les galéjades. En fin connaisseur, il sait qu'elles se dégustent « avé l'assent », comme une bonne bouillabaisse.

Godan (n. m., XVIIIe s.).
L'usurpateur aime à colporter des godans pour mieux abuser son monde. Synonyme de racontar

ou de mensonge, le godan exprime de surcroît une réelle volonté de tromper autrui. Nous ne sommes donc plus ici dans le registre banal des balivernes, bobards, boniments (voir p. 162) ou autres sornettes. Celui qui propage des godans agit avec préméditation. Souvent motivé par d'inavouables raisons, il espère tirer un avantage mûrement calculé de ses contrevérités.

Dans sa jeunesse, Robert rêvait d'un monde meilleur. Une société où justice, égalité, liberté et fraternité auraient un sens. Militant déçu de ces nobles causes, Robert a aujourd'hui compris que tous les hommes (et femmes) politiques ne racontent que des godans dans le seul but d'assouvir leur soif de pouvoir.

Faire voir la lune en plein midi (exp., XIXe s.). Celui qui s'évertue à nous faire voir la lune en plein midi ne manque pas d'audace. Mais il ne faut cependant pas le ranger dans le camp des menteurs et mystificateurs patentés qui prennent un plaisir malsain à tromper les autres, souvent pour en tirer avantage. Pour sa part, il veut nous en mettre plein la vue et se limite à nous conter des sornettes généralement amusantes. Et les billevesées qu'il place ici ou là dans la conversation ne manquent pas de surprendre avant d'être aussitôt tournées en dérision.
Les expressions populaires établissent donc une différence précise. D'un côté, il y a l'individu peu recommandable qui ment comme un arracheur de dents (c'est-à-dire comme un charlatan

au XVIIe siècle) ; de l'autre, il y a le blagueur qui régale ses amis d'inoffensives fariboles.

Raconter des craques (exp., XIXe s.).
L'originalité de cette expression tient au mot craque. Il s'agit ici d'une dérivée du verbe craquer qui signifie mentir dans l'argot du XVIIe siècle. Celui qui raconte des craques se plaît donc à émailler son discours de bobards et autres balivernes. Une tournure du XVIIIe siècle exprime la même idée de mensonge : « faire une colle ». Le terme colle (tromperie, faux-semblant) appartient à l'argot du XVe siècle.

Mourir

Calancher (v. intr., XIXe s.).
Il faut bien évidemment souhaiter à chacun de calancher le plus tard possible. Ce parfait synonyme de mourir a probablement été construit à partir du verbe caler (dans le sens de s'arrêter de fonctionner). Pour sa part, la terminaison « ancher » viendrait de flancher, qui évoque de surcroît la notion de céder, d'abandonner. Il existe d'autres verbes populaires ou argotiques qui désignent cet irréversible moment : clamecer, clamser, clampser (ou clapser), crampser, claboter.

Zigouiller (v. tr., XIXe s.).
Le scélérat n'hésite pas à zigouiller un malheureux innocent pour lui voler ses économies. Autrement dit, il l'assassine. À l'origine, le verbe avait le sens précis d'égorger à l'aide d'un couteau. Puis il prit rapidement l'acception plus large de tuer, quel qu'en soit le mode opératoire. Outre cet emploi aux conséquences fatales, zigouiller peut aussi s'utiliser pour évoquer l'action d'endommager, de mettre à mal. Enfin, dans certains dialectes du centre ou de l'ouest de la France, zigouiller s'applique à un objet que l'on coupait avec un mauvais couteau.

Être au royaume des taupes (exp., XVIe s.).
Petit mammifère fouisseur, la taupe vit sous terre en creusant de longues galeries qui constituent un véritable royaume mystérieux, car invisible pour les bipèdes vivant à la surface. Par analogie, un humain qui se rend au royaume des taupes passe lui aussi du côté des ténèbres. Autrement dit : il s'en est allé comme une chandelle ; il a tiré le rideau ; il ne mangera plus de pain (trois tournures du XVIIe siècle). Bref, le quidam a été inhumé et il mange les salades par le trognon (XIXe s.).

La farce est jouée (exp., XVIIe s.).
Pour comprendre cette expression, il convient d'assimiler la vie à une espèce de vaste tragicomédie dont nous serions les acteurs consen-

tants. Dans une telle situation, quand l'interprétation se termine, la farce est jouée.
Dans l'Antiquité, toute représentation théâtrale se ponctuait par un traditionnel *Acta est fabula* (l'histoire est finie, la pièce est jouée). La légende veut que le truculent écrivain François Rabelais (1494-1553), à la fois moine et médecin, ait prononcé la formule avant de mourir. Comme pour conclure par un étincelant clin d'œil, si représentatif de sa personnalité.

Perdre le goût du pain (exp., XVIIe s.).
Voilà bien ce qui arrive à un malade fiévreux et alité depuis plusieurs jours : il perd le goût du pain. En fait, cela signifie qu'il n'a même plus envie de manger, signe d'un état de santé inquiétant. Pour exprimer une condition sensiblement comparable, mais qui insiste davantage sur la fatigue du patient, on dit pendant la même période : « ne battre que d'une aile ». Au XIXe siècle, celui qui « a une mauvaise pierre dans son sac » souffre d'une grave maladie.

Remercier son boulanger (exp., XIXe s.).
Probablement inventé par les Égyptiens, le pain occupe une place de choix dans la vie collective des villages du Moyen Âge. Et si l'art de la boulangerie ne se développe en Europe qu'au début du XIIIe siècle, l'Antiquité gréco-romaine connaissait déjà des dizaines de sortes de pains différents. Quant au moulin à vent qui s'impose

lui aussi dans tous les pays d'Europe au cours du XIIIe siècle, il devient un lieu (et un lien) capital pour la communauté. Bien sûr, grâce à l'activité économique qu'il génère, mais grâce aussi à ses apports sur le plan social et culturel. Le moulin devient un lieu de rencontres où chacun discute des affaires et de la vie. Dans ces conditions, rien d'étonnant que le terme pain soit associé à moult expressions populaires. Quant à la formule qui nous intéresse, elle ne dissimule aucune complexité insurmontable. Il suffit de s'en tenir à une explication évidente. Celui qui n'a plus besoin de manger du pain, aliment indispensable pour accompagner chaque repas, a définitivement remercié son boulanger. Autrement dit, il ne peut plus lui rendre visite... parce qu'il est mort.

Rentrer les pouces (exp., XIXe s.).
À l'époque où l'enseignement de la médecine commence à se structurer tandis que les hôpitaux s'organisent lentement, les carabins peuvent enfin s'adonner à diverses observations fort édifiantes. Ainsi ont-ils remarqué que la main d'un mourant se ferme toujours de la même façon : le pouce se place en dedans des autres doigts. Les étudiants en médecine vont donc propager leur constatation. Et ils parleront d'un patient qui rentre les pouces lorsqu'il aura rendu l'âme ou rendu son dernier soupir, deux autres formules largement antérieures (XVIe s.) et encore

couramment utilisées de nos jours. En revanche, plus personne n'emploie cette référence aux pouces. De la même façon, « épouser (ou baiser) la camarde » a complètement disparu. Seul Georges Brassens (1921-1981) avait popularisé le mot camarde (mort) dans sa chanson *Supplique pour être enterré à la plage de Sète*.
Parmi d'autres expressions imagées qui s'attachent à décrire le fait de trépasser, il faut retenir : « rendre le cimetière bossu ». Allusion au tas de terre qui résulte de la fosse que l'on a creusée pour inhumer le défunt.

S'habiller de sapin (exp., XVIIIe s.).
Ici, l'allusion au sapin n'a rigoureusement rien de champêtre. Et elle n'évoque pas davantage les festivités de Noël ou d'éclatantes guirlandes. En fait, ce sapin-là, chacun voudrait le rencontrer le plus tard possible puisqu'il réveille en nous l'idée de cercueil, une boîte sinistre le plus souvent fabriquée (surtout à l'époque) dans le bois de ce conifère à l'écorce épaisse. D'ailleurs, depuis le XVIIe siècle, pour désigner un individu à l'article de la mort, la tradition orale a conservé cette expression imagée : il sent le sapin. Dans le même esprit, quelqu'un qui s'habille de sapin (ou qui porte une chemise de sapin) vient de mourir.
De très nombreuses expressions ont été utilisées pour marquer le passage de vie à trépas. Certaines ne manquent pas d'humour. D'autres sont franchement sarcastiques. Comme s'il convenait

de saluer son monde par une dernière pirouette. Ou comme s'il fallait finalement se moquer de la mort. Par exemple, citons cette formule qui se passe de commentaire : mettre la table pour les asticots (XIXe s.). Au même moment, on rencontre aussi des expressions qui font tout simplement référence à l'action de partir : rendre sa clef ou rendre son permis de chasse. D'autres évoquent la fin de quelque chose : remiser son fiacre, ramasser ses outils, fermer son pébroc (son parapluie). Sans oublier cette formule qui s'applique à ceux qui ne souhaitent pas laisser de traces ici-bas : avaler son bulletin de naissance.

Tous les renards se trouvent chez le pelletier (exp., XVIIe s.).
Cette locution proverbiale, propre à calmer les arrogants vaniteux qui se prennent pour le nombril du monde, véhicule sagesse et humilité. Chacun se souvient que le pelletier fait commerce de la fourrure après avoir acheté et préparé des peaux dont celle du renard. Mais, par définition, sous la peau traitée se trouve un animal mort. Dire que tous les renards se trouvent chez le pelletier calme les ardeurs vengeresses et ramène les protagonistes d'un violent débat à de plus pacifiques considérations. Pour marquer le chemin qui nous mène heure après heure vers un dénouement inéluctable, d'aucuns disaient encore à la même époque : nous mourons tous les jours.

Musique

Voir aussi *Chanter*, p. 56.

Bedon (n. m., XVe s.).
Chacun connaît le sens familier de ce terme lorsqu'il sert à évoquer le ventre gras et rebondi d'un quinquagénaire ventripotent. On dit aussi un gros bide ou encore un sacré bidon pour décrire une imposante bedaine.
En réalité, le bedon désignait à l'origine un large tambour, une sorte de grosse caisse d'ailleurs parfois appelée bedondaine. Quant au bedon de Suisse, il possède la particularité de présenter deux faces, chacune étant frappée par une petite baguette. Vous l'aurez compris, celui qui promène un ventre proéminent peut donner l'illusion de porter devant lui un tambour. D'où le bedon.

Cabalette (n. f., XIXe s.).
Généralement placée en fin de morceau, la cabalette correspond à une phrase musicale facile à retenir par son rythme, sa mélodie ou sa construction. Le mot aurait probablement été emprunté au XVIIIe siècle à l'italien *cabaletta*, signifiant alors petit couplet. Par extension, la cabalette ressemble donc à une rengaine, une scie ou une ritournelle.

Odeur

Fragrant(e) (adj., XVIe s.).
À l'inverse du punais, la femme fragrante dégage une odeur suave, délicate et plaisante. Quelqu'un de fragrant est donc subtilement parfumé. Mais on parle également de fleurs fragrantes (odorantes).
Quant à la fragrance, elle fut remise au goût du jour avec l'explosion des argumentaires publicitaires destinés à soutenir la vente de parfum. Le mot date du XIIIe siècle et il évoque une odeur agréable. La fragrance est donc synonyme de senteur et de parfum. Aussi peut-on parler de la fragrance d'un bouquet de roses ou de celle des aromates.

Enjôleuse et fragrante, Marie-Chantal vante si bien la fragrance d'un parfum que Robert se sent obligé de lui offrir dans les jours qui suivent. D'aucuns diront, à juste titre, qu'elle le mène par le bout du nez!

Punais(e) (n. m. et adj., XIIe s.).
Un vagabond punais présente la désagréable caractéristique de sentir très mauvais. Mais on parlait aussi d'un lieu punais (ou d'une viande punaise) pour exprimer cette même idée de puanteur, d'odeur infecte, nauséabonde, repoussante. Le terme s'employait de même pour caractériser une haleine fétide. Il existait également une forme substantive très rare : un(e) punais(e).
Soulignons que le mot punais a donné son nom à la punaise, insecte hétéroptère qui exhale une odeur répugnante quand on l'écrase.

Paresse

Cagnarder (v. intr., XVe s.).
Agréable coin de nature, ensoleillé et abrité du vent, le cagnard engage à l'oisiveté, au repos, à la flemme et à la nonchalance. Par extension, le cagnard devint synonyme de soleil brûlant et la locution faire du cagnard caractérise l'inaction totale de ceux qui lézardent.

Par analogie, le cagnard en vint aussi à désigner un personnage amorphe, apathique et fainéant, un incorrigible cossard qui passe le plus clair de son temps dans la torpeur de siestes indolentes. Il cultive ainsi sans honte la paresse comme un art majeur et mène une vie cagnarde, c'est-à-dire insouciante et désinvolte.

Vivre en cagnard a tout simplement donné le verbe cagnarder pour définir un personnage qui ne se met pas la rate au court-bouillon et prend la vie du bon côté.

Volontaire, déterminé, vif, courageux et actif, voire sémillant quand les circonstances l'exigent, Robert déteste les cagnards.

Marie-Chantal apprécie de bronzer sous le cagnard du mois d'août.

Clampin (n. m., XVIIe s.).
Dans une balade en groupe, il y a souvent un randonneur qui traînasse. Au fil des kilomètres, ce clampin perd de plus en plus de terrain et il se désintéresse totalement de l'activité de la petite troupe. Par extension, le sens a tout naturellement dérivé vers la notion de paresse et de fainéantise. Et, dans le langage populaire, le clampin devint même le parfait bon à rien à qui personne ne confierait la plus banale des tâches. Pour beaucoup, le mot a été construit sous l'influence de clopiner (XIVe s.) : marcher avec grande difficulté, boiter, traîner des pieds (d'où l'expression aller clopin-clopant). La nonchalance du clampin laisse penser qu'il se déplace clopin-clopant ou qu'il (se) baguenaude (voir p. 158).

Parler

Aboucher (v. tr., XIIIe s.).
Dans certaines circonstances de la vie, ceux qui servent d'intermédiaire pour que deux person-

nes se rencontrent et se parlent mettent tout en œuvre pour les aboucher.

Sous la forme pronominale, s'aboucher avec quelqu'un signifie que l'on entre en contact avec lui dans l'espoir d'entretenir une relation suivie. Le verbe s'applique également à un carrefour qui, par exemple, abouche la rue du Commerce, la rue Albin et la rue Michel. Ce qui semble signifier que ces trois rues, à défaut de pouvoir se parler, sont en étroite communication.

Toutes ces acceptions datent du XVIIe siècle. À l'origine (XIIIe s.), aboucher signifiait : se prosterner bouche contre terre.

Prenez donc un rendez-vous avec Robert, car il serait souhaitable de vous aboucher dès demain.

Dans la mesure où le notaire n'avait pas donné signe de vie, Robert jugea bon de s'aboucher avec lui.

Bagout (n. m., XVIe s.).
Arme favorite de l'intrépide vendeur résolu à vous céder tout et n'importe quoi, le bagout se caractérise notamment par un incessant flot de paroles. Volubile, le phraseur professionnel qui use et abuse du bagout n'écoute pas les questions et se soucie fort peu de ses interlocuteurs. Seule l'intéresse sa logorrhée (voir p. 182) qu'il suppose irrésistible. Mais attention, ceux qui possèdent beaucoup de bagout n'ont rien d'innocent, car ces vagues successives de mots, généralement ponctuées de gestes vifs, cachent parfois la volonté de tromper son monde. De

surcroît, le bagout ne peut se concevoir qu'avec une bonne dose de hardiesse qui confine le plus souvent à l'effronterie.

Baragouin (n. m., XVIᵉ s.).
Nous sommes là dans le domaine de la parole plutôt que dans celui de l'écrit. On ne parlera donc pas de baragouin à propos d'un texte, mais pour définir un langage incompréhensible. Soit parce qu'une pratique incorrecte (ou insuffisante) rend la langue en question inintelligible ; soit parce que le locuteur s'exprime avec un excès de pédantisme ou de technicité. Le baragouin se rapproche donc parfois du jargon. Le substantif a donné le verbe baragouiner, qui est assez proche de bafouiller, bredouiller ou ânonner.

Robert s'étonne que nombre d'hommes politiques abusent d'un étrange baragouin, alors qu'il leur suffirait d'employer un discours simple et argumenté pour convaincre.

Battologie (n. f., XVIᵉ s.).
Le bavard qui a une fâcheuse tendance à se répéter en utilisant notamment des formules oiseuses qui viennent compliquer son discours par de maladroites redondances, plutôt que de l'éclairer avec des exemples concrets, pratique la battologie.
Celle-ci côtoie donc la tautologie, c'est-à-dire le truisme ou la lapalissade (autrement dit toute proposition dont les termes de l'énoncé présentent une vérité évidente). Le substantif servit

P comme... Parler

aussi à caractériser une forme de bégaiement qui consiste à répéter des mots ou des bouts de phrase et non pas des syllabes.

Caillette (n. f., XVIe s.).
Frivole, futile et insouciante, la caillette navigue aux confins de l'excentricité et se contente de babillages creux, superficiels et puérils. Autrement dit, infatigable et volubile bavarde, elle passe l'essentiel de son temps à jaspiner, jacasser, jaser et caqueter. Fatigante la caillette !
Pour certains, le mot serait construit sur caille, oiseau réputé pour ses incessants caquetages. Pour d'autres, il viendrait d'un certain Caillette, célèbre bouffon apprécié par Louis XII (1462-1515) et François Ier (1494-1547).

Datisme (n. m., XVIIIe s.).
Substantif tombé dans le plus total oubli, le datisme ressemble de très près à la battologie (voir p. 178). Ce mot s'applique à un discours préparé (ou à un propos naturel) qui possède de multiples répétitions, redondances et synonymes. Autant d'artifices et de tics de langage qui rendent donc l'énoncé forcément fastidieux et quelque peu pédant.

Robert se souvient du discours courroucé de son proviseur qui, pour l'occasion, faisait du datisme sans le savoir : « Vous avez mis la pagaille et le désordre en voulant tout chambouler et en imaginant que ce modeste branle-bas pouvait provoquer un profond changement susceptible de perturber les esprits au point d'entraîner le trouble et la subversion révolutionnaire... »

Dégoiser (v. tr. et intr., XIVe s.).
Au printemps, dès les premiers instants qui suivent la fin d'une violente averse, les oiseaux dégoisent à qui mieux mieux en se chauffant au soleil. Ce sens de chanter (dégoiser aurait puisé ses racines dans le substantif *gosier*) a désormais totalement disparu au profit d'une acception familière teintée d'une nuance péjorative. Ainsi, le bavard qui s'exprime avec une excessive exubérance ne peut-il s'empêcher de déverser un flot de paroles rapides formant un interminable propos souvent incompréhensible. Ces malades du débit des mots, véritables moulins à paroles, dégoisent. Quant à l'intarissable passionné de tel ou tel sujet très spécifique, il peut dégoiser pendant des heures sur un point de détail concernant son domaine de prédilection. Enfin, les idiots dégoisent des inepties et les provocateurs peuvent, pour leur part, dégoiser des injures.
Tout au long du repas, Marie-Chantal dégoisa sur les subtilités des fragrances de son dernier parfum.

Jaboter (v. intr., XVIIe s.).
Imaginez un beau parleur, de ceux qui aiment entendre le son de leur propre voix, en train de pérorer face à un cercle d'amis. Menton conquérant, poitrine gonflée, épaules rejetées

vers l'arrière, son attitude met en évidence l'ornement de dentelle (jabot) qui s'étale sur son torse rebondi. Ce tribun d'opérette jacasse et dégoise, en un mot il jabote.

Robert et ses plus proches collègues de travail rient sous cape lorsque leur patron se prend à jaboter pour expliquer ses récents succès commerciaux.

Jactance (n. f., XIXe s.).
Loquace, disert et volubile au-delà du tolérable, le bavard quelque peu maladif se perd en d'exubérantes logorrhées (voir p. 182) qui, si elles démontrent une certaine faconde confinent presque toujours à l'inutile parlote. Tous ces adeptes de la jactance ont la langue bien pendue. Voir aussi *Jactance* dans la rubrique *Prétentieux*, p. 199.

Jaspiner (v. intr., XVIIIe s.).
Des amis qui jaspinent ne se contentent pas de bavarder tranquillement. Chacun renchérit sans le moindre répit au propos qui précède avec une ferveur et une détermination qui excluent toutefois toute animosité. Mais qui écartent également du discours toute réflexion, tout intérêt réel, voire toute élémentaire cohérence. Autrement dit, ceux qui jaspinent ressemblent à ces chiens qui se jappent au museau sans grande conviction, juste pour faire un peu de bruit.

Lanternerie (n. f., XVIᵉ s.).
Dérivé du verbe lanterner (voir p. 25), ce substantif eut une bien éphémère existence. Il a parfois servi à définir une tendance certaine à l'indécision.
Mais ce mot s'employait aussi pour caractériser un propos superficiel, puéril, voire insignifiant.

Logorrhée (n. f., XIXᵉ s.).
Le besoin irrépressible de parler à jet continu, en alignant sans le moindre relâchement un flot de paroles oiseuses produit une logorrhée. Cet intarissable bavardage consiste en une juxtaposition de phrases au demeurant correctes formant un discours dépourvu de toute cohérence fondamentale ou de tout intérêt. Mais ces flux inextinguibles de mots cachent toujours une douleur profondément enfouie qui relève à l'évidence d'une thérapie. Ainsi la logorrhée ressemble-t-elle à une sorte d'incontinence verbale, un peu comme si le cerveau ne maîtrisait plus la fuite des paroles.

Patrociner (v. intr., XIVᵉ s.).
Généralement, un ténor du barreau aime à développer longuement ses arguments pour tenter de convaincre le jury de l'innocence de son client. Rien de plus normal et, en de pareilles occasions, certains s'expriment d'ailleurs avec un réel talent. En revanche, un jeune avocat maladroit va parfois patrociner en voulant singer

ses maîtres. Ce qui signifie qu'il va parler trop longtemps et en venir à importuner son auditoire.

À l'origine, le mot avait le sens de plaider. Il s'appliqua rapidement à toutes sortes de discours prononcés avec la farouche volonté de persuader un public.

Pépier (v. intr., XVIe s.).
Ce verbe s'applique tout d'abord aux jeunes oiseaux qui poussent de petits cris brefs, stridents et répétés. En pépiant, les pinsons, pies, canaris, merles et autres rossignols ne se contentent pas d'un doux gazouillis satisfait, ils expriment plutôt une sorte d'appel sonore et perçant, voire tapageur. Par analogie, des femmes pépient lorsqu'elles parlent sur un ton aigu de façon volubile, incessante et insouciante. Dans ce sens, pépier devient synonyme de jacasser, papoter ou caqueter.

Péronnelle
Voir *Idiot*, p. 127.

Ragoter (v. intr., XVIIIe s.).
Hier comme aujourd'hui, commérages, cancans et propos futiles émaillent moult bavardages sans grand intérêt. Ces racontars, potins et médisances qui s'aventurent parfois sur le nauséeux terrain de la calomnie entretiennent les conversations des phraseurs volubiles qui jacassent,

jasent et jaspinent en égrenant leurs ragots. En d'autres termes, ils ragotent, c'est-à-dire qu'ils distillent des informations malveillantes, voire de banales mais dévastatrices rumeurs.

Dans toutes les entreprises du monde, les cafétérias et autres salles fumeurs restent le lieu privilégié pour ragoter en paix.

Ratiociner (v. intr., XVIᵉ s.).
Chacun connaît d'infatigables moulins à paroles. Diserts, volubiles, ces amoureux du verbe ne sont jamais en panne d'inspiration dès qu'il s'agit d'engager — et d'entretenir ! — une conversation qui se réduit le plus souvent au monologue. Mais lorsqu'un bavard à la langue bien pendue se perd en raisonnements oiseux, en détails sinueux, en considérations complexes, en observations superfétatoires, en développements abstraits et remarques accessoires, on dit qu'il ratiocine. En d'autres termes, il coupe les cheveux en quatre. Ou, pour rester poli, il sodomise les diptères !
Ce verbe a lentement dérivé vers un sens péjoratif. À l'origine, le mot servait à décrire un raisonnement méthodique, subtil et puissant.

Soliloque (n. m., XVIIᵉ s.).
Seule ou en groupe, une personne qui parle pour elle-même, sans se préoccuper de l'entourage, débite un soliloque. Autrement dit, cet étrange bavard enchaîne les phrases et construit

un long monologue qui n'appelle aucune réponse tant le propos paraît insolite. D'ailleurs, ceux qui pratiquent le soliloque n'attendent aucun commentaire sur le contenu de leur discours. Le soliloque se pose donc en contraire du dialogue.

Vaticiner (v. intr., XVe s.).
Ceux qui vaticinent appartiennent à la piètre engeance des devins, augures, cartomanciens, marabouts, astrologues et autres voyants. Tout ce petit monde prétend connaître l'avenir en feignant d'observer telle ou telle situation pour en décrypter de prétendus présages. De surcroît, celui qui vaticine ne se contente pas de débiter ses sornettes, il annonce ses prédictions avec emphase et maniérisme.

Les charlatans qui vaticinent à qui mieux mieux se disent souvent en relation avec l'au-delà.

Zézayer (v. intr., XIXe s.).
Un enfant (ou parfois un adulte) qui vous dit qu'il « zoue au seval » zézaie. En d'autres termes, il a substitué le z au j et le s au ch. Un autre pourrait prononcer ce genre de phrase : « Ze serse un zardin pour zongler en santant. » Dans certains cas, un seul des deux échanges sonores se produit, mais cela suffit pour affirmer que le gamin a un cheveu sur la langue. Pour évoquer

ce défaut de prononciation on emploie également le verbe zozoter (XIXᵉ s.).

Allonger le parchemin (exp., XVIIᵉ s.).
L'image véhiculée par la formule se comprend aisément. Un auteur allonge le parchemin lorsqu'il lui faut beaucoup de place pour exprimer ses idées. En d'autres termes, il développe longuement son argumentation (ou son récit) et, en conséquence, utilise davantage de parchemin qu'un confrère habitué à rédiger de façon concise.
Au sens figuré, cela revient à laisser traîner une affaire en longueur, voire à franchement différer l'exécution d'un projet. Et quand un discours fastidieux n'en finit pas, c'est que l'orateur a allongé le parchemin.

Discourir des fiançailles de ses grands-mères (exp., XVIIᵉ s.).
Il y a celles et ceux qui parlent, conversent, échangent et débattent doctement. Puis il y a les inlassables bavards, les phraseurs loquaces et les causeurs volubiles. Enfin, il convient de ne pas oublier les copines qui papotent ni les concierges et autres commères qui jaspinent, jasent, jacassent et cancanent.
Figurent dans cette dernière catégorie les fervents amateurs de propos superficiels et insignifiants. Les adeptes de cette inoffensive confrérie

du caquetage inutile se contentent de discourir des fiançailles de leurs grands-mères.

Écurer son chaudron (exp., XVIIe s.).
Voilà bien une expression d'une exceptionnelle vigueur pour décrire un bon catholique qui va tout bonnement se confesser. Très concrètement, le chaudron caractérise ici un récipient très particulier : l'humain. Car il existe une incontestable analogie entre les deux images. D'un côté, les ingrédients qui mijotent dans un ustensile de cuisine ; de l'autre, les faiblesses, les mesquineries et les péchés qui s'incrustent dans le quotidien. Dans les deux cas, la macération laisse des traces qui accrochent à la paroi !
Ainsi, à l'instar d'un chaudron crasseux que l'on écure (c'est-à-dire que l'on cure ou récure), le paroissien qui se confesse en se rendant dans un confessionnal va lui aussi se nettoyer des péchés qui souillent son âme.

Peur

Capon(ne) (n. et adj., XVIIIe s.).
Dans un sens aujourd'hui totalement inusité, le mot désigne tout d'abord un flatteur, un flagorneur, voire un courtisan. Dans l'argot scolaire, il s'attache plutôt à l'élève qui dénonce ses petits camarades. Mais il s'emploie également

pour parler d'un écolier fripon. On retrouve d'ailleurs cette nuance de lâcheté présente chez le délateur ou le mouchard dans l'acception la plus courante de ce mot.

Faible, lâche, veule, craintif et froussard, le capon rase les murs : soit par peur pure et simple, comme s'il était effrayé par son ombre ; soit parce qu'il vient de commettre une filouterie quelconque.

Couard(e) (n. et adj., XIIe s.).
Semblable au capon, le couard manque de bravoure, d'audace et même du plus élémentaire courage. Méfiant, pusillanime et timoré, il fuit toute responsabilité et ne prend aucun risque dans quelque domaine que ce soit.

Pleutre (n. m. et adj., XVIIIe s.).
Outre la notion de lâcheté que l'on retrouve aussi chez le couard ou le capon, il y a de surcroît dans la personnalité du pleutre une absence totale de dignité, mais aussi une pointe d'hypocrisie et de grossièreté.

Poltron(ne) (n. et adj., XVIe s.).
En comparaison avec le capon ou le couard, il existe chez le poltron une nuance supplémentaire de taille : le manque total de courage physique. Le terme s'utilise donc pour décrire des personnages excessivement trouillards. On

les qualifierait de dégonflés ou de pétochards dans le langage familier.

D'une façon générale, le poltron évite toute forme d'aventure et il craint d'affronter les situations les plus banales (ascenseur, train, avion, sport violent, etc.). Une frayeur quasi maladive l'envahit dès que les circonstances risquent d'atteindre son intégrité physique.

Pusillanime (n. et adj., XIIIe s.).
Le comportement pusillanime s'applique au couard et au poltron (voir p. 188). Le pusillanime fuit toutes les responsabilités, craint de prendre le moindre risque, manque du plus élémentaire esprit d'initiative. Faible et lâche, l'individu pusillanime manque de fermeté, d'audace et de courage. Cette attitude se conjugue assez facilement avec l'hypocrisie.

Dans les réunions de copropriété, Robert s'amuse des réactions pusillanimes de ses voisins, qui acceptent toutes les propositions du syndic sans demander d'explication.

Trembler le grelot (exp., XVIIe s.).
Attention, il ne faut pas confondre une cloche et un grelot ! La première (généralement en bronze) produit un bourdonnement lourd et grave, voire une élégante vibration argentine et stridente. Et en se laissant frapper les parois par un marteau ou un battant, la cloche peut composer maintes sonorités harmonieuses.
De son côté, le grelot produit un son rudimen-

taire qui tient plutôt du simple bruit lequel le
doit à la banalité de l'objet : une boule creuse
percée de trous contenant un morceau de métal.
Lorsque le froid lui fait claquer des dents, un
frileux tremble le grelot. Sa bouille et ses que-
nottes illustrent à merveille l'objet en question.
On utilise d'ailleurs le verbe grelotter quand le
froid, la peur ou la fièvre font frissonner.

Police

Une hirondelle de Grève (exp., XIXe s.).
Rien à voir avec un oiseau migrateur en prome-
nade sur une plage. En fait, cette hirondelle-là
apparaît vers 1915 pour désigner dans un langage
familier le policier à bicyclette. La couleur
sombre de l'uniforme et les coudes écartés sous
une cape qui dessine deux pointes au niveau des
reins attisèrent de fertiles imaginations qui
surent imposer la référence à la silhouette du
volatile pourvu d'une superbe queue fourchue.
Les termes ne manquent pas pour qualifier les
multiples nuances qui caractérisent le monde
des truands. Fort logiquement, le vocabulaire
associé à ceux qui les coursent possède également
une incontestable richesse dans la précision de
l'imagerie. Ainsi, l'hirondelle de Grève est très
précisément associée au policier qui escorte un
condamné vers l'échafaud. Il y a ici une filiation
évidente avec la place de Grève, à Paris (rebap-

tisée place de l'Hôtel-de-Ville en 1806). Son nom vient de la pente douce du lieu qui descend jusqu'à la Seine. Les ouvriers sans travail se réunissaient à cet endroit : ils se tenaient sur la place de Grève en attendant l'embauche. Ce qui va produire l'expression « être en grève », puis « faire grève » (qui prendra le sens de cessation collective du travail vers 1850).

Mais revenons à quelques définitions très spécifiques des argousins (policiers) : l'hirondelle de potence assiste aux exécutions, tandis que le hussard de la guillotine remet le condamné au bourreau. De son côté, le marchand de lacets (allusion aux menottes) poursuit les voleurs.

Précieux

Afféterie (n. f., XVIe s.).
Un comportement ou un langage maniéré, superficiel et outrageusement étudié relève de l'afféterie. Cette attitude se situe aux antipodes du naturel et du bon goût. Elle se caractérise par un excès de préciosité gestuelle et d'inconsistance dans le propos. Autant de signes distinctifs qui ne visent qu'à séduire (voire tromper) l'auditoire et qui contribuent à ranger l'afféterie au rayon des conduites guindées, mièvres, frivoles et futiles.

Robert déteste au plus haut point l'afféterie que déploient les vendeuses des magasins de luxe.

Coqueter (v. intr., XVIIe s.).
Pour tenter de faire bonne figure dans le jeu subtil de la séduction amoureuse ou, plus simplement, pour attirer l'attention dans un but commercial ou professionnel, certains usent de procédés savamment étudiés. Aussi soignent-ils tout particulièrement leur élégance vestimentaire, mais aussi leurs propos et leurs manières. Ces dandys cultivent alors avec plus ou moins de naturel l'art de coqueter. Autrement dit, ils cherchent à plaire et à se rendre coquets (adjectif signifiant à l'origine petit coq).
Par extension, le verbe a pris le sens de minauder (voir p. 193), de se pavaner tel un coq au milieu de la basse-cour.
Quant à deux familles qui n'hésitent pas à coqueter, elles entretiennent une solide amitié. Mais s'il s'agit d'un couple de jeunes gens, la relation prend alors un tour amoureux et coqueter devient ici synonyme de courtiser.

Mijaurée (n. f., XVIIe s.).
Femme maniérée, bêcheuse, sotte et bégueule au point d'en paraître grotesque, la mijaurée joue les prudes distantes alors qu'elle ferait beaucoup mieux de se contenter d'une humble discrétion, tant son éducation et sa condition sociale ne l'autorisent pas à afficher de telles

manières. Par ses attitudes affectées, la mijaurée s'apparente à la précieuse ridicule.

Minauder (v. intr., XVIIe s.).
Lorsqu'elle n'évoque pas la galerie souterraine d'où l'on extrait le minerai, la mine désigne l'expression, l'apparence du visage. Ainsi peut-on avoir bonne ou mauvaise mine, voire une mine de papier mâché. Ou encore une mine renfrognée, boudeuse, arrogante, expressive, émerveillée, enjouée, etc. Mais peu connaissent aujourd'hui l'expression faire des mines. Elle signifie chercher à séduire, essayer de plaire en simulant un intérêt prononcé pour son interlocuteur. Le tout en prenant des poses nonchalantes, tortueuses, compassées et en abusant de manières affectées ou guindées. En réalité, faire des mines correspond très exactement au verbe minauder. Celles et ceux qui minaudent cherchent à attirer l'attention sur eux. Parfois par jeu, mais le plus souvent pour assouvir l'inextinguible besoin de se croire le centre du monde. L'acception de ce verbe répond d'assez près à l'expression faire des simagrées (voir p. 195).

Dans les ennuyeux cocktails qu'elle abhorre, Marie-Chantal ne dédaigne pas minauder ici ou là. Coupe de champagne à la main et œil de velours sous cape, elle guette le regard d'un amateur de mijaurées qui pourrait s'émoustiller de ce langoureux manège.

Pimbêche (n. f., XVIᵉ s.).
Outre les défauts de la mijaurée (voir p. 192), la pimbêche ajoute au comportement de sa sœur jumelle une pointe d'impertinence, voire de provocation. Ce qui la rend absolument insupportable aux yeux du commun des mortels. Dans son utilisation courante, le mot pimbêche s'attache plutôt à une jeune fille, tandis que mijaurée s'utilise davantage pour des femmes un peu plus âgées.

Zinzolin (n. m. et adj., XVIIᵉ s.).
Voir *Couleur*, p. 75.

Être collet monté (exp., XVIIᵉ s.).
Partie du vêtement qui entoure le cou, le collet (col, encolure, collerette) atteint le paroxysme de sa renommée dans la première moitié du XVIIᵉ siècle, c'est-à-dire pendant le règne de Louis XIII. À cette époque, les cols très hauts étaient soutenus par des renforts de carton. Tableaux et gravures témoignent de cette mode fort peu confortable qui commence à perdre pied vers 1670, au point de devenir franchement ridicule. Dès lors, les jeunes aristocrates du temps qualifient de collet monté tout gentilhomme aux manières surannées, aux attitudes vieillottes, aux propos précieux. Au XIXᵉ siècle, on dira qu'un tel individu fait de l'épate. Et, un siècle plus tard, qu'il fait du chiqué.

Faire des simagrées (exp., XVIIe s.).
Celui ou celle qui prend un air maniéré et affiche avec emphase un comportement compassé en vue d'attirer l'attention, voire de tromper autrui, s'adonne à de coupables minauderies. En clair, il fait des simagrées. Autant de petites grimaces crispées qui se voudraient gracieuses, de gestes étriqués et d'attitudes bêtement précieuses qui ridiculisent finalement l'auteur de telles finesses superflues. On peut considérer que la coquette (femme de condition modeste qui tente vainement de se hisser au rang des dames de l'aristocratie) aime les simagrées.

Prétentieux

Bellâtre (n. m., XVIe s.).
Vêtu avec élégance, le bellâtre ne manque généralement pas d'allure, d'autant qu'il possède un physique plutôt agréable. Seulement voilà, il ne brille guère par son intelligence et pencherait même franchement dans le camp du niais (voir p. 126). De surcroît, il se montre souvent vaniteux.
Certes bel homme, le bellâtre n'en est pas moins fat, fier et pédant. Disons qu'il s'agit d'un cuistre charmant.

Bravache (n. m. et adj., XVIe s.).
Fanfaron, hâbleur, arrogant, vantard et bluf-

feur, le bravache se contente de faire semblant. Il aimerait bien jouer les braves, mais il n'en a ni le courage, ni la force physique, ni la détermination. Le bravache affecte donc la bravoure et se console en défonçant les portes ouvertes !

Cuistre (n. m., XVIIe s.).
Pédant, fier, vaniteux et fondamentalement inculte, le cuistre affiche de surcroît une petite pointe d'insolence qui le rend parfaitement ridicule. Bête à manger du foin, et manifestement content de l'être, le cuistre aime à pérorer. Il saisit donc volontiers toutes les occasions qui lui permettent de pontifier, notamment dès qu'il se retrouve dans une assemblée où il espère briller.

Damoiseau (n. m., XIIe s.).
Jeune gentilhomme de l'âge féodal (XIe-XIIIe s.), le damoiseau attendait d'être élevé au grade de chevalier. Quelques siècles plus tard, ce jeune noble accompagne le châtelain en voyage ou à la chasse. Il pouvait aussi lui arriver de servir à table ou de jouer les messagers.
Dans l'acception moderne, il faut identifier le damoiseau à un jeune homme qui s'empresse de faire le beau, le malin et le galant auprès des femmes, par ses propos et ses attitudes, mais aussi par une recherche excessive dans son élégance vestimentaire. Aussi le damoiseau

présente-t-il parfois une allure quelque peu efféminée.

Esbroufe (n. f., XIXe s.).
Adepte des rodomontades, le fanfaron donne dans l'esbroufe lorsqu'il submerge son auditoire sous une avalanche de gestes et de paroles. Hâbleurs, bonimenteurs et autres bravaches usent et abusent de coups d'esbroufe propres à étourdir l'entourage. L'esbroufe relève donc de l'attitude tapageuse qu'utilise un individu pour en imposer. Par exemple, certains bluffeurs décrochent un job à l'esbroufe. Ils insistent à l'excès sur leurs prétendus mérites ou diplômes et sur leur supposée expérience pour arriver à leurs fins. En d'autres termes, ils parviennent à emberlificoter (voir p. 220) leur futur patron en usant de méthodes qui confinent à la malhonnêteté.

Fanfaron(ne) (n. et adj., XVIIe s.).
Celui qui croit tout ce que raconte un fanfaron aura tendance à prendre ce vantard pour un héros. À tort, bien évidemment. Car ce fier-à-bras exagère le récit d'exploits supposés ou de faits et initiatives parfaitement ordinaires. Il insiste à outrance sur son exceptionnel courage et souligne les moindres détails qui peuvent illustrer sa bravoure sans faille.
Frère jumeau du bravache (voir p. 195), le fanfaron aime à plastronner. Il tente de

s'imposer par le discours ou l'attitude pour amplifier ses mérites dans le seul but de se faire admirer. Imbu de sa personne et sûr de lui-même, rien ne peut décontenancer un fanfaron.

Fat (n. m. et adj., XVIIe s.).
Poseur, suffisant et vaniteux, le fat affiche de façon ridicule et déplaisante la très haute opinion qu'il a de lui-même. Il vante des mérites illusoires que personne n'a jamais remarqués. Aussi se croit-il souvent irrésistible auprès des femmes. À l'origine, le mot se rapprochait plutôt du sens de sot, stupide, niais (voir p. 126).

Freluquet (n. m., XVIIe s.).
Avec sa frêle silhouette et sa tenue vestimentaire soignée, voire raffinée, le freluquet se comporte de manière frivole. Personnage futile et immature, il affiche cependant des airs grandiloquents qui lui donnent l'allure d'un jeune prétentieux, mondain et maniéré.

Gandin (n. m., XVIIIe s.).
L'actuel boulevard des Italiens, à la frontière des IIe et IXe arrondissements de Paris, s'appela boulevard de Gand entre 1815 et 1828. Élégants et raffinés, nombre de jeunes gens sensibles au charme impertinent du dandysme alors en vigueur aimaient à déambuler sur les trois cent quatre-vingt-dix mètres du boulevard avec une gracieuse désinvolture subtilement étudiée. Sauf

que les conversations, attitudes et tenues vestimentaires outrageusement maniérées rendaient ces fringants et coquets personnages franchement ridicules. Pour les distinguer des authentiques dandys, on les appela donc gandins, avec une nuance péjorative évidente.

Godelureau (n. m., XVIe s.).
Un subtil mélange des caractéristiques du damoiseau, du fat et du gandin produirait un godelureau bon teint. Il s'agit donc d'une sorte de cousin germain du freluquet, mais en plus âgé. De surcroît, le godelureau se plaît à courtiser les femmes.

Après la mort de son épouse, le père de Marie-Chantal se mit à jouer les godelureaux en fréquentant assidûment les salons de thé du VIIIe arrondissement de Paris et les hôtels bon chic bon genre de la côte normande.

Jactance (n. f., XIIe s.).
Une attitude particulièrement arrogante qui se caractérise par une façon tout à fait déplacée de se mettre soi-même en valeur relève de la jactance. Directement opposée à la saine modestie, la jactance côtoie vanité et vantardise. Et tous ceux qui en usent donnent l'impression qu'ils passent le plus clair de leur temps à s'applaudir. Par exemple, muscadins et mirliflores (voir p. 200) véhiculent cet insoutenable air de jactance propre à tous les fats.

P comme... Prétentieux

Robert ne supporte plus le ton de jactance de son chef de service, au point qu'il envisage de démissionner.
Voir aussi *Jactance* dans la rubrique *Parler*, p. 181.

Matamore (n. m. et adj., XVIᵉ s.).
Verbe haut et gestes amples, dans la comédie espagnole, le matamore apparaît dans un costume bigarré pour raconter ses exploits guerriers avec emphase. Par extension, le mot devint pratiquement synonyme de bravache, fanfaron, fier-à-bras, hâbleur ou rodomont (voir p. 204). Le terme définissait également une large fosse profonde ou une prison souterraine. En Afrique du Nord (notamment au Maroc), une grande cave, un silo ou un puits asséchés destinés à conserver légumes, fruits et grains s'appellent une (au féminin) matamore ou *matamoure*.

Mirliflore (n. m., XVIIIᵉ s.).
Jeune, maniéré et imbu de sa personne, le mirliflore se pique d'une élégance surfaite. Il ressemble comme deux gouttes d'eau aux infatués freluquets et autres gandins dont la suffisance n'a d'égale que leur insuffisance.

Muscadin (n. m., XVIᵉ s.).
Sous la Révolution, les muscadins sont de jeunes royalistes qui ne craignent pas d'afficher une élégance particulièrement recherchée. D'autres

affectionnent des accoutrements ostentatoires, voire excentriques ou provocants.

Dans son acception première, le terme désigne un jeune homme délibérément tourné vers une seule préoccupation : la mise exagérément soignée de sa petite personne. Dans une acception familière de la fin du XIXe siècle, le terme fut utilisé pour caractériser de riches paysans qui tentaient de singer les goûts et les manières des bourgeois citadins. Autrement dit, le muscadin affecte un comportement et un discours qui ne correspondent absolument pas à son rang social, à sa culture, à ses études ou à son éducation. Contre vents et marées, il persiste toutefois à présenter en toutes circonstances une conduite arrogante, sans aucune relation avec ses possibilités réelles. Par ailleurs, le muscadin désignait aussi des pastilles parfumées au musc.

Lorsqu'il recrute des collaborateurs, Robert s'amuse toujours beaucoup en écoutant les mirliflores de bac à sable et autres muscadins d'opérette vanter leurs exceptionnels mérites.

Olibrius (n. m., XVIe s.).
Dans son sens premier, l'olibrius était un fanfaron ou un bravache. Mais le terme a très vite caractérisé l'attitude d'un personnage qui se conduit de façon bizarre. L'olibrius joue de tous les stratagèmes pour imposer sa verve insolite et ses pratiques impertinentes, voire insolentes. Il fait donc feu de tout bois pour se faire remarquer,

sans se rendre compte que ses excentricités importunent bougrement son entourage.

Outrecuidant(e) (adj., XIIe s.).
Non content d'étaler à la face du monde une confiance et une estime excessives en soi-même, un personnage outrecuidant affiche en outre un total mépris d'autrui. Sa présomptueuse autosatisfaction permanente se double donc d'une exaspérante impertinence.
Robert a toujours pensé que ce ministre outrecuidant ne serait jamais élu au suffrage universel.

Panader (se) (v. pron., XVe s.).
Bellâtre, damoiseau, gandin, freluquet, mirliflore ou muscadin, tous se panadent. En d'autres termes, ils avancent d'une allure majestueuse, un peu à la manière d'un paon qui fait la roue. Ils « marchent des épaules » (voir p. 206). Cette attitude caractérise un personnage rempli d'orgueil, fier, obsédé par sa démarche et par son maintien, mais aussi par le regard des autres, qu'il souhaite admiratif. Ce verbe est très proche de se pavaner, qui vient de se paonner (XVIe s., précisément dérivé de paon) et de pavane (XVIe s., une danse lente, majestueuse et solennelle).

Pecque
Voir *Idiot*, p. 127.

Pédant(e) (n. et adj., XVIᵉ s.).
Docte, suffisant, solennel, pompeux et emphatique, le pédant ne manque cependant pas de culture. Mais lorsqu'il fait étalage de son savoir, cet érudit emploie avec insistance un style grandiloquent, ampoulé, sentencieux et magistral. Dès lors, sa façon de pontifier devient grotesque. Parfois, le pédant se contente d'un savoir superficiel, fraîchement acquis ou très spécialisé pour tenter de briller en société. Par extension, le terme s'attache également à un individu qui se mêle de vouloir donner des leçons de morale sur un ton doctoral. Le qualificatif s'applique couramment à une conversation, un langage ou un discours.
Dans son sens premier, le mot ne véhiculait aucune nuance péjorative, puisqu'il servait à définir un professeur, un maître d'école ou tout pédagogue chargé d'enseigner à des enfants.

Robin (n. m., XVIIᵉ s.).
Dans la littérature de l'âge féodal (XIᵉ-XIIIᵉs.), le prénom Robert était employé de façon péjorative pour dénigrer un paysan stupide et pénétré d'une haute estime de lui-même. Ce sot prétentieux deviendra donc un robert, puis le mot prendra très vite la forme diminutive et familière de robin. Ainsi va-t-on couramment parler d'un robin pour évoquer un niais vaniteux.
Il convient également de noter une autre acception amusante du terme datant du XVᵉ siècle.

Mais là, l'origine n'a plus rien à voir avec le pauvre Robert. Le mot désigne cette fois un avocat ou un magistrat, par allusion au fait que ces hommes de loi portent la robe.

Rodomont (n. m. et adj., XVIe s.).
Fanfaron hautain et bravache, le rodomont ne cesse de se vanter de ses soi-disant exploits ou actes de courage. Quelques décennies plus tard, ce terme aux accents littéraires, qui s'utilise surtout dans le langage soutenu, donnera naissance à rodomontade pour exprimer l'attitude de ces fiers-à-bras arrogants et autres outrecuidants hâbleurs toujours prompts à plastronner.

Roquentin (n. m., XVIIe s.).
Il ne faut jamais tricher avec son âge, car on s'expose à de sournoises remarques pleinement méritées. Ainsi en va-t-il du roquentin, un vieillard qui se rend ridicule en essayant de jouer au jeune homme par le truchement de son discours, de ses vêtements et de quelques artifices. À l'origine, le roquentin était un militaire expérimenté chargé de garder les lieux fortifiés (les rocs). Curieusement, ce terme a aussi désigné un chanteur de textes satiriques.

Apprendre à sa mère à faire des enfants (exp., XVIIe s.).
Quand un individu bouffi de suffisance se mêle d'affaires qu'il ne connaît pas, ou, pis encore,

lorsqu'il a l'outrecuidance d'expliquer à son interlocuteur une chose que ce dernier connaît mieux que lui, on dit de cet infatué pédant qu'il serait capable d'apprendre à sa mère à faire des enfants.

Une crème fouettée (exp., XVIIe s.).
Par définition, la crème fouettée se veut d'une extrême légèreté. Vaporeuse et aérienne écume blanchâtre pleine de vide, elle monte, enfle, gonfle et se distend. Par analogie, le terme s'emploie pour caractériser un livre ou un discours sans aucune consistance. Le genre de propos parfaitement creux qui ne se fonde sur aucun argument solide et qui se contente de délayer des idées futiles. Un pédant mérite aussi l'appellation de crème fouettée.

Donner de la grosse caisse (exp., XIXe s.).
Loin de nous l'idée de vouloir mépriser la sympathique grosse caisse, indispensable instrument de toute bonne fanfare de village qui se respecte et qui tient à se faire entendre. D'ailleurs, personne n'oserait nier la sourde efficacité du rythme puissant qu'elle sait imposer au pas cadencé des défilés du 14 juillet. Cependant, chacun reconnaîtra volontiers que l'instrument ne brille guère par la subtilité de ses nuances. Par analogie, le courtisan donne de la grosse caisse lorsqu'il n'hésite pas à flatter très bruyamment l'une de ses idoles du moment. Cet

insatiable flagorneur se répand donc en révérences et en cajoleries tonitruantes, afin que nul n'ignore le poids de ses louanges.

Faire le coq de la paroisse (exp., XIXe s.).
Voir *Séduction*, p. 230.

Faire le faraud (exp., XIXe s.).
Pas mal d'expressions de ce temps expriment clairement qu'il ne faisait pas bon s'éloigner de sa place, de son milieu d'origine ou de sa condition. Inutile de chercher à gagner du galon, ne serait-ce que dans l'apparence du quotidien.
Que ce soit le simple apprenti savetier qui s'habille en gracieux gentilhomme ou le modeste paysan un peu fruste qui tente de jouer au subtil bourgeois nanti et raffiné, chacun d'eux fait le faraud. Autrement dit, le faraud adopte avec maladresse et ostentation un comportement élégant. Il cherche à se mettre en avant par le truchement d'une attitude qu'il ne maîtrise absolument pas et en endossant un costume qui ne lui sied guère.

Marcher des épaules (exp., XVIIe s.).
Il suffit de regarder autour de soi, les exemples pullulent. Observez un pédant infatué qui étale complaisamment une insolente et béate autosatisfaction. Le genre bourgeois hautain, celui dont la suffisance s'accompagne souvent de

bêtise. Lorsque ce cuistre patenté se déplace balançant pesamment le torse de droite à gauche, il marche des épaules. Il se panade (voir p. 202).

Péter plus haut que le cul (exp., XVIIIe s.).
Formule triviale, certes, mais ô combien expressive ! Elle exprime à merveille l'effort vain, la tentative surhumaine, l'entreprise chimérique, le désir utopique, l'ambition démesurée, l'aspiration inabordable, l'objectif inaccessible. Bref, la tournure qualifie une action impossible à réaliser tant elle se situe très largement au-dessus des forces et des moyens de l'interprète.
Par extension, celui ou celle qui pète plus haut que le cul affiche en toutes circonstances et sans raison un comportement arrogant, guindé ou prétentieux. Une attitude sans aucune relation avec ses possibilités réelles et en complet décalage avec son milieu d'origine. En gros, cet infatué personnage n'a jamais eu vent du principe d'humilité !

Qui lui piquerait la peau, il n'en sortirait que du vent (exp., XVIIe s.).
Cette merveilleuse expression illustre au mieux la vanité des rodomonts et autres freluquets frivoles entièrement tendus vers la futilité. Ils foisonnent : ceux qui cachent leur insignifiance derrière une arrogance agressive ; ceux dont l'ego transpire par tous les pores de la peau ; ceux qui affichent en toute occasion la condes-

cendance. Malheureusement, beaucoup vénèrent ces postures artificielles dans une organisation sociale où le paraître l'a toujours emporté. Tous ces cuistres, fats, poseurs et pédants passent leur temps à brasser de l'air. Qui leur piquerait la peau, il n'en sortirait que du vent !

Se croire le premier moutardier du pape (exp., XVIIIe s.).
D'obscures raisons ont largement colporté l'idée que les papes attachaient une importance primordiale à la qualité de leurs fournisseurs de moutarde. Du coup, le moutardier qui peut se vanter de livrer le Saint Siège devient un personnage considérable aux yeux du peuple. Surtout à une époque où la religion catholique domine l'Europe et s'immisce dans tous les rouages de la société.
En revanche, celui qui se prétend le premier moutardier du pape s'attribue à tort des qualités qu'il ne mérite pas. Autrement dit, cet individu se pare avec insolence des plumes du paon (XVIIe s.) et joue dans le registre des cuistres et des vaniteux.

Rire

Cascader (v. intr., XVIIIe s.).
Dans un premier sens évident, une rivière cascade lorsque son cours tombe en une chute naturelle. Par extrapolation, dans la mesure où une cascade produit un intense bourdonnement, à la fois sourd et rythmé de brefs claquements, certains auteurs parlent par exemple de cascades de pierres. Et, par analogie, on en vint aux rires ou aux applaudissements qui cascadent, avec à la clé cette même notion de bruit qui enfle, s'estompe et rebondit de plus belle en vagues successives et sautillantes.

Cette cadence saccadée, comparable à de périlleux exercices de voltige, a contribué à désigner les scènes dangereuses exécutées par des spécialistes (les cascadeurs) pour le cinéma. Quant au théâtre, il a pour sa part utilisé les cascades pour

caractériser des répliques facétieuses, voire pour qualifier des plaisanteries un peu lourdes.
Enfin, on trouve au XIXe siècle une charmante acception qui se réfère aux aspects sinueux et sonores de la cascade. En effet, le bambocheur qui se complaît à multiplier les écarts de conduite et qui mène une vie tumultueuse s'amuse à cascader.

Lorsqu'ils assistent à un spectacle humoristique, Marie-Chantal et Robert apprécient ces rares moments de communion où le public cascade.

Ébaudir (v. tr., XIe s.).
Réjouir, divertir ou égayer sont les verbes qui expriment le mieux l'action d'ébaudir. Dans un emploi aujourd'hui assez inhabituel, on pourrait cependant affirmer qu'un discours exceptionnel nous a ébaudis. Ce qui signifie clairement que la qualité ou l'originalité du propos nous a mis en joie, d'excellente humeur. L'utilisation de la forme pronominale semble à nouveau au goût du jour dans le sens de s'amuser, se distraire. Attention, il ne faut surtout pas confondre ébaudir et ébaubir, avec deux « b » (voir p. 243).

Égayer (v. tr., XIIIe s.).
Il existe une certaine jubilation dans l'action qui consiste à égayer une conversation, un groupe ou une soirée, puisqu'il s'agit de divertir, d'amuser, de distraire ses interlocuteurs. Par extension, le verbe s'applique également aux

choses qui peuvent être égayées par la lumière ou par une couleur vive, voire par un autre objet. Par exemple, le soleil égaye une pièce et une touche de rouge vient égayer une robe sobre. Tout comme un rosier en pleine floraison égaye le jardin. Dans le même esprit, une photo (ou un schéma) égaye un texte complexe. Dans sa forme pronominale, s'égayer s'emploie pour s'amuser, se réjouir, se divertir.
Attention ! Il ne faut pas confondre égayer avec égailler (v. tr., XIIe s.). L'orage égaille la foule à l'instar du bruit qui égaille les oiseaux. De la même façon, un gamin égaille ses jouets dans sa chambre. Dans toutes ces formulations, le verbe s'utilise pour disperser. À la forme pronominale, des adolescents qui s'égaillent à la sortie des cours s'éparpillent en s'éloignant rapidement du collège.

À la sortie d'une soirée d'anniversaire que Marie-Chantal sut égayer de croustillantes anecdotes avec un incomparable talent, tous ses amis s'égaillèrent dans la nuit.

Gaber (v. intr., XIIe s.).
Le joyeux drille s'amuse avec un naturel communicatif. Il plaisante et rigole à tout propos. Guilleret, goguenard et fringant, ce brave compagnon de voyage ou de travail ne peut s'empêcher de gaber à la moindre occasion. Et même s'il lui arrive de railler ses semblables, le gabeur se moque d'autrui avec gentillesse. Car il exerce plutôt son talent dans le registre de la

fanfaronnade et ne cherche jamais à blesser sa cible ou à choquer son auditoire.

Gaudir (v. intr., XIIIe s.).
Une victoire inattendue, la signature d'un contrat, une excellente note, le dénouement heureux d'une affaire périlleuse, un important gain au jeu ou une bonne nouvelle provoquent toujours une joie profonde. Et en cet instant précis, l'exaltation s'exprime souvent par un réflexe aussi soudain que sonore. Mais cette jubilation peut également se traduire de manière beaucoup plus discrète chez ceux qui se contentent de savourer sobrement ce moment. Quoi qu'il en soit, tous gaudissent. Autrement dit, ils manifestent leur joie.
À la forme pronominale, se gaudir prend le sens de se réjouir. Quant à la construction « se gaudir de quelqu'un », elle signifie « se moquer de ». Au XVIIIe siècle, gaudir a donné le substantif gaudriole pour désigner une plaisanterie assez peu délicate, égrillarde ou même graveleuse.

Robert se gaudit à l'idée de passer ses vacances à la montagne en compagnie de Marie-Chantal, laquelle aime tant se gaudir des Parisiennes qui passent l'été à rôtir sur une plage.

Gausser (v., XVIe s.).
Dans un emploi intransitif, gausser signifiait autrefois plaisanter.
Robert m'ouvrit la porte en gaussant.

Dans une utilisation transitive, le verbe prend alors le sens de tourner en ridicule, railler.

Robert gausse ses collègues de travail.

À la forme pronominale, l'acception équivaut cette fois à l'expression « se moquer ouvertement de quelqu'un ».

Quant à la gausse, il s'agit d'un mensonge ou d'une blague. Le gausseur aime gaber (voir p. 211). Il ressemble à ce joyeux luron qui aime plaisanter, rire et brocarder ses amis. Mais jamais il ne blesse ses cibles favorites.

Quand ils jouent au tennis, Marie-Chantal se gausse de Robert chaque fois qu'il rate son service.

Goguenard(e) (adj., XVIIe s.).
Un hurluberlu goguenard saisit toutes les occasions qui se présentent à lui pour plaisanter. Mais il s'adonne à ce sport favori sur un ton gouailleur, moqueur et narquois. Attitude qui ne le rend pas très sympathique aux yeux de ses semblables. Comme le terme goguette (voir plus bas), ce mot serait dérivé de gogue (plaisanterie). Voir aussi *Goguenard* dans la rubrique *Malice*, p. 149.

Goguette (n. f., XIIIe s.).
À l'origine simple propos joyeux et drôle, la goguette devient rapidement synonyme de beuverie. Il s'agit là d'une curieuse dérive de sens qui semble suggérer l'indispensable nécessité de s'enivrer pour tenir un amusant discours. Et la

locution « être en goguette » va très rapidement devenir l'équivalent de « faire la noce » (la fête, la bombe, la bringue ou la nouba). Ainsi, un groupe d'amis que l'on dit en goguette ne rechigne pas à s'amuser. De tout et de rien, comme s'il leur fallait absolument s'encanailler, souvent pour commémorer un événement de la vie quotidienne (succès à un examen, fin de scolarité, etc.). Il y a donc une incontestable notion de réjouissances un peu forcées chez ceux qui partent en goguette.

Au XIXe siècle, les rustres, malotrus et goujats qui chantaient goguette aux promeneurs des Grands Boulevards de la capitale proféraient des injures souvent offensantes à leur rencontre. À la même époque, un cabaret parisien qui s'appelait *Aux Goguettes* avait pris le nom d'une troupe de chanteurs qui s'y produisait.

La goguette dérive du mot gogue qui désignait une plaisanterie, une raillerie. Et gogue aurait pris son origine dans l'onomatopée « gog » qui exprimait alors la joie.

Pasquinade (n. f., XVIe s.).
La seule phonétique de ce mot sous-tend une acception qui ne saurait engendrer la mélancolie. La pasquinade fleure bon la lavande, l'aïoli et l'accent méridional. Ce mot dérive en droite ligne d'un personnage fort populaire de la commedia dell'arte : Pasquin. Roublard, vantard, insolent et glouton, ce célèbre valet de théâtre

cancane, jaspine, jase et jacasse. Mais toujours sans véritable méchanceté. Ainsi la pasquinade relève-t-elle de la gentille raillerie, cocasse ou grotesque, jamais blessante. La pasquinade s'apparente donc à une sorte de bouffonnerie. Disons qu'il s'agit d'une pitrerie un peu appuyée dans laquelle l'éloquence prend une place primordiale.

La pasquinade désigne aussi un pamphlet ou une satire grossière.

Dans les cocktails mondains et ennuyeux Marie-Chantal ne peut s'empêcher d'exécuter deux ou trois pasquinades dont personne ne sait s'il doit en rire ou s'en offusquer.

Turlupinade (n. f., XVIIe s.).
Le plus souvent utilisé au pluriel, le mot désigne des plaisanteries, canulars et railleries qui se distinguent par une caractéristique commune : le mauvais goût. Par métonymie, les turlupinades évoquaient un contenu (livre ou discours) qui ne brille guère par son raffinement.

D'abord bateleur de foire sur le Pont-Neuf, Henri Le Grand (1587-1637) crée le personnage de Turlupin en 1610. Ce rôle de valet fourbe et intrigant ressemble à celui de Briguella dans la comédie italienne. Turlupin porte un chapeau à larges rebords, un pantalon de toile rayé, un sabre de bois et un masque pourvu d'une barbe noire broussailleuse. Henri Le Grand, alias Turlupin (mais aussi Belleville), s'associe à deux autres comédiens qui ne manquent pas d'originalité : l'obèse Gros-Guillaume (Robert Guérin) et le maigrelet Gaultier-Garguille (Hugues Guéru). Dès lors, le trio obtient un énorme succès en jouant des farces de leur invention (inspirées de l'œuvre de Rabelais) dans un petit théâtre ambulant ou dans des salles de jeu de paume (notamment près de la porte Saint-Jacques).

L'incontestable talent des trois acteurs dans ce genre très prisé de l'époque leur vaudra de rejoindre, dès 1615, la troupe du prestigieux Hôtel de Bourgogne, la plus vieille salle de théâtre de France. Mais la notoriété d'Henri Le Grand reste indissociable des bouffonneries, pitreries, facéties et malices de Turlupin, un personnage qui ne recule jamais devant des situations comiques parfois grossières et qui n'hésite pas à user et abuser de boutades douteuses et de calembours approximatifs. Ainsi le substantif turlupin va-t-il définir un petit plaisantin qui affectionne particulièrement les mauvais jeux de mots, les plaisanteries peu raffinées ou les blagues équivoques. Toutes sortes de joyeusetés qui prendront le nom de turlupinades. Un peu plus tard, probablement par mépris pour les farces, les élites de l'art théâtral attacheront une nuance péjorative au turlupin, qui deviendra alors un comédien médiocre.

Quant au turlupin du XIVe siècle, il appartenait

à une secte fort répandue en France, en Allemagne et aux Pays-Bas. Celle-ci revendiquait haut et fort le droit de vivre sans honte de la façon la plus naturelle qui soit. Et les turlupins furent même victimes de persécutions organisées par le pouvoir de l'époque.

Zigoto (n. m., XXe s.).
Le dilettante fantaisiste, original et bohème ne s'attache guère aux usages, codes et autres bonnes manières. Il marche délibérément en dehors des sentiers soigneusement balisés par les thuriféraires de l'ordre social, bon chic bon genre. Ce comportement gentiment extravagant et quelque peu fantasque correspond à celui du zigoto. Une sorte de comique, parfois fumiste, qui joue au petit malin. Il frime et fait le zouave sans jamais tomber dans la vulgarité ni dans la méchanceté. Dans certains contextes, le terme peut aussi s'appliquer à un homme fort et énergique. Le zigoto devient ici une sorte de grand gaillard que rien n'effarouche. Certains auteurs utilisent également le substantif pour caractériser un triste sire, un individu peu recommandable.

Faire un effet d'ivoire (exp., XIXe s.).
Face à une situation comique ou à l'écoute d'une agréable plaisanterie, il existe moult manières de rire. Car une galéjade (voir p. 163) ne produit pas les mêmes effets sur chacun des membres d'une assemblée. Certains trouvent la blague désopi-

lante, tandis que d'autres se contentent d'un sourire poli. Ainsi, la façon de manifester son hilarité passe par de multiples degrés et attitudes. Il y a ceux qui se bidonnent franchement, se tiennent les côtes ou se gondolent ; ceux qui pouffent ou s'esclaffent sur un rythme plus sobre ; sans oublier ceux qui se contentent de rire discrètement dans leur barbe ou sous cape.

Quant à celui qui fait un effet d'ivoire, il se poile à gorge déployée afin que l'assistance remarque sa superbe denture. Aussi se fend-il largement la pipe ou la pêche (c'est-à-dire le visage, la tête) en élargissant la bouche au maximum de sorte que les commissures des lèvres s'étirent presque d'une oreille à l'autre. En gros, il rit comme une baleine !

Par analogie, une autre formule exprime l'image stéréotypée du cétacé « rire comme un peigne » (en montrant toutes ses dents). À l'inverse, « rire du bout des dents » illustre le comportement du ronchon qui n'apprécie guère l'humour et qui se contente d'esquisser avec condescendance un timide mouvement des lèvres.

Ruse

Voir aussi *Malice*, p. 147.

Cautèle (n. f., XIIIe s.).
Une malicieuse prudence, une réserve mêlée de

ruse et une méfiance qui navigue aux limites de la sournoiserie caractérisent assez précisément la cautèle. Si en aucun cas elle ne puise aux racines de la méchanceté, la cautèle fait en revanche appel aux ressorts de la malignité. Celui qui l'utilise pour atteindre un objectif agit avec finesse et détermination, en utilisant s'il le faut d'astucieux stratagèmes. Finalement, la cautèle conjugue avec subtilité différentes notions : habileté, précaution, diplomatie, rouerie et dissimulation.

Robert ne cache pas que son grand-père normand a bâti une petite fortune en utilisant à merveille la cautèle.

Embabouiner (v. tr., XIIIe s.).

Nombre de courtisans cajoleurs savent obtenir une prestigieuse promotion en flattant outrageusement l'ego démesuré de leur patron. De la même façon, en avançant des éloges dithyrambiques, un producteur au bord de la faillite saura convaincre une star internationale de différer le versement de son cachet. Dans les deux cas, ces flagorneurs professionnels ne manquent pas d'un réel talent. Ils ont magistralement embabouiné leur cible. Ce verbe est synonyme de duper, emberlificoter, embobiner, leurrer, tromper.

Jugeant inutile de signer la moindre reconnaissance de dette, Robert se fit embabouiner par un ami qui s'évapora dans la nature.

Emberlificoter (v. tr., XVIIIe s.).
Ceux qui jubilent aux sonorités de la langue française goûteront à sa juste valeur l'adéquation parfaite qui existe entre l'acception et la sonorité de ce mot. Comme si la graphie, le rythme et le nombre de syllabes du vocable savaient à elles seules empêtrer leur sujet dans les difficultés de son élocution.
Le locuteur s'embrouille, s'emmêle et s'entortille dans chaque syllabe, à l'instar de celui qui sait abuser d'autrui par l'astuce et l'artifice pour parvenir à ses fins. Par exemple, un enfant emberlificote ses parents lorsqu'il les séduit par des promesses, câlineries et flagorneries pour les amener à accepter ses propres désirs : regarder la télévision plutôt que d'aller se coucher. Pour sa part, le verbe embobiner (XIXe s.) exprime sensiblement la même notion, mais avec en prime une nuance de tromperie préméditée susceptible de déboucher sur un gain financier. Dans un emploi pronominal, un suspect qui s'emberlificote dans ses explications s'empêtre (se prend les pieds) dans ses propres arguments.

Marie-Chantal sait emberlificoter Robert pour qu'il l'accompagne en voiture au travail, mais elle résiste rarement aux vendeurs qui l'embobinent à leur tour sans difficulté pour lui vendre des gadgets.

Emboiser (v. tr., XVIIe s.).
Certains manient avec subtilité l'art d'amener quelqu'un à accomplir une action précise. Par

petites touches successives qui ne laissent rien au hasard, ces petits malins conduisent les plus candides à faire ce qu'ils souhaitent en usant de cajoleries, de promesses et de flatteries.

En ce jour de grands départs en vacances, Marie-Chantal a passé deux heures dans les embouteillages parisiens pour accompagner son frère à la gare, alors qu'il aurait tout aussi bien pu prendre le métro. Et elle s'en veut vraiment de s'être laissé emboiser dans ce traquenard.

Entourloupe (n. f., XXe s.).
Le petit plaisantin qui s'évertue à tenir des propos fantaisistes, voire mensongers, dans le seul but d'obtenir en retour de modestes gains et avantages joue dans le registre de la rudimentaire combine et des mauvais tours simplets. Chez lui, pas de stratagèmes complexes pour circonvenir son monde. Quelques fariboles et bobards bien pesés suffisent. On rencontre aussi le substantif entourloupette qui possède rigoureusement le même sens. Tous deux ont donné entourlouper, verbe transitif synonyme de duper, tromper, berner ou leurrer. Reste qu'il y a toujours dans l'entourloupe (et ses dérivés) une nuance de ruse amusée.

Fourbe (n. et adj., XVe s.).
Nous sommes ici dans une tonalité qui ne relève pas de la simple entourloupe. Car si le fourbe utilise la ruse pour parvenir à ses fins, il agit cette fois avec méthode et en s'appuyant sur une

froide détermination. En d'autres termes, le fourbe calcule tous les paramètres de son plan d'action et il se comporte presque toujours de la plus odieuse des manières. De surcroît, il n'hésite jamais à recourir à de perfides stratagèmes pour berner autrui. Foncièrement retors, tricheur et malhonnête, le fourbe feint droiture et loyauté pour atteindre ses objectifs.

Matois(e) (adj., XVIe s.).
Il y a dans le comportement matois une bonne dose d'astuce et de finesse, mais aussi beaucoup de bonhomie. Ainsi, sous des dehors simples, naturels et débonnaires, le boutiquier matois, à la fois madré et bon enfant, réussit en règle générale d'excellentes affaires.
Également employé à l'origine comme substantif, le terme fut alors synonyme de bandit. L'acception première s'est donc largement atténuée avec le temps.
Dans la seconde moitié du XVe siècle, la mate désignait le lieu de rendez-vous des truands de la capitale. Au XIXe siècle, on rencontre encore çà et là l'expression suppôts de la mate dans des textes populaires parisiens. En argot de l'époque, la mate désigne toujours le lieu de réunion des malfrats. Et les suppôts de la mate sont donc des bandits, voleurs et scélérats.

Roublard(e) (n. et adj., XIXe s.).
Rusé, malin, futé, le roublard use et abuse

d'astuces et de stratagèmes pour se tirer d'un mauvais pas ou, plus simplement, pour décrocher un avantage ou atteindre un objectif. Ainsi, le roublard ne manque ni d'intelligence pratique ni d'expérience.

Un petit roublard comme Robert dégotte toujours une place pour un concert qui affiche pourtant complet.

Rouerie (n. f., XIXe s.).
Celui qui agit avec rouerie utilise la ruse ou la diplomatie pour parvenir à ses fins. Ce qui, de surcroît, ne l'empêche absolument pas d'ajouter à son comportement une dose non négligeable d'habileté sans scrupule et de dissimulation. Fondamentalement déloyale voire frauduleuse, la rouerie s'oppose à l'ingénuité. Elle utilise des procédés malhonnêtes pour tromper un interlocuteur, un client ou un fournisseur. Cautèle (voir p. 218) et rouerie sont sœurs jumelles.

Sale

Punais
Voir *Odeur*, p. 173.

Un baron de la Crasse (exp., XIXᵉ s.).
Un roturier plutôt mal habillé, un peu balourd et qui, de surcroît, manque de la plus élémentaire courtoisie, tandis qu'il tente pourtant de se donner laborieusement des manières d'aristocrate, navigue forcément dans les eaux du ridicule. Aussi l'anoblit-on avec ironie du titre de baron de la Crasse.

Crotté comme un archidiacre (exp., XIXᵉ s.).
Dans la hiérarchie ecclésiastique, l'archidiacre est investi par l'évêque d'une juridiction sur les curés d'un diocèse. Le pouvoir administratif, pédagogique et spirituel qu'il exerce sur sa circonscription le conduit à se déplacer dans les

différents presbytères, souvent fort éloignés les uns des autres. Une lourde tâche qui ne va pas sans taches au bas de la soutane ! D'autant que la tradition exige que ces visites se fassent à pied le long de tortueux chemins boueux.
Être crotté comme un archidiacre concerne donc celui qui porte des vêtements sales. Mais il y a là une connotation légèrement positive, en ce sens que l'intéressé qui souille ses habits donne sans compter de sa personne. Sous-entendu : certes, il est crotté, mais il travaille sans relâche pour la bonne cause.

Santé

Cacochyme (adj., XVe s.).
Le plus souvent indissociable du substantif vieillard, l'adjectif cacochyme qualifie une santé excessivement fragile, un état physique déficient. Mais si le grand-père cacochyme manque de forces, il n'a pas non plus toute sa tête. Par extension, l'adjectif peut aussi caractériser un individu habitué aux sautes d'humeur, voire désigner quelqu'un qui manifeste des troubles curieux du raisonnement. D'ailleurs, au XVIIe siècle, dans un sens figuré, cacochyme était très proche de fantasque.

Valétudinaire (n. et adj., XVIIe s.).
À la différence du mot cacochyme (voir p. 226), le terme valétudinaire ne s'applique pas spontanément et seulement aux personnes âgées. Le mot qualifie une santé délicate, instable, vacillante et précaire. En clair, un jeune homme valétudinaire est très souvent malade. On peut donc tout aussi bien parler d'une vieillesse que d'une enfance valétudinaire, autrement dit d'une période marquée par d'incessantes phases de faiblesse, de fatigue et de troubles physiques divers et variés.
Par extension, certains auteurs ont appliqué ce vocable aux choses d'aspect fragile ou en mauvais état. Ainsi peut-on, par exemple, évoquer une vaisselle ou des fauteuils valétudinaires.

Séduction

Alliciant(e) (adj., XIXe s.).
Probablement antérieur au Xe siècle, le verbe alicier (avec un seul « l » à cette époque-là) signifiait enjôler, plaire, séduire (il donnera plus tard allécher). Mais plus personne n'utilise alicier au XIXe siècle, alors que l'adjectif alliciant fait encore recette auprès de certains écrivains. Il s'agit ici d'une tournure très littéraire qui s'applique essentiellement aux charmes de la gent féminine. Ainsi peut-on parler d'un corps,

d'une silhouette ou de lèvres alliciantes, c'est-à-dire attirantes.

Au premier regard, Robert tomba fou amoureux de l'alliciante Marie-Chantal.

Attifer (v. tr., XIIIe s.).
Pour plaire et séduire, d'aucuns s'habillent avec une sobre élégance. Mais lorsque le bon goût échappe à tout discernement, l'accoutrement peut devenir franchement ridicule par excès de parures et d'arrangements complexes.
Ainsi, ceux qui s'attifent manquent d'aisance et de naturel au point de s'apprêter avec une habileté douteuse. Ils utilisent alors toutes sortes d'artifices pour se parer de façon maniérée, affectée et étudiée. Le mot prit une connotation dévalorisante au fil du temps. Car, à l'origine, il signifiait tout simplement habiller, arranger (notamment à propos d'un enfant).

Blandice (n. f., XIIIe s.).
Presque toujours utilisé au pluriel, le mot prend le sens d'éloges ou de caresses. Les blandices s'appliquent donc à tout ce qui peut flatter le goût, conquérir l'esprit ou exciter les sens. Les blandices attirent, charment et séduisent.

Galantiser (v. tr., XVIIe s.).
Les sémillants jouvenceaux et autres vieux papillons (voir p. 231) qui font la cour à de charmantes jeunes femmes usent de manières et de paroles

raffinées pour tenter de chavirer leur cœur. Élégants, affables, distingués et courtois, ces séducteurs gracieux et coquets cultivent l'art de la galanterie en témoignant à la gent féminine égards, propos flatteurs et douces attentions. Bref : ils galantisent.

Aimer une chèvre coiffée (exp., XIXe s.).
Afin de maintenir leur notoriété au plus haut degré de considération dans la collectivité villageoise, maints séducteurs de bas étage seraient prêts à éblouir la première femme venue. Objectif : prouver à chaque instant et en tout lieu que leur charme exerce une puissante fascination sur le sexe opposé. Seulement voilà, dans leur quête permanente d'une donzelle à ensorceler, nombre de ces enjôleurs sont parfois contraints de se balader au bras d'une jeune fille disgracieuse, voire d'un laideron. Ce qui ne manque pas d'amuser la communauté qui commente avec ironie les ambitions largement revues à la baisse de ce Don Juan de bac à sable. Une formule cinglante résume fort bien la situation : il aimerait une chèvre coiffée.

Un compliment de la place Maubert (exp., XVIIe s.).
L'art du discours met en œuvre de multiples éléments difficiles à manier (composition, images, figures de style, etc.). La rhétorique regroupe l'ensemble de ces techniques et savoir-

faire qui permettent de manier avec habileté la langue parlée.

Pour venir en aide aux aristocrates et autres damoiseaux incultes qui, de surcroît, manquent d'imagination mais veulent cependant plaire et briller en société, un livre du XVIᵉ siècle rassemble des exemples de compliments bien troussés. La tradition orale affuble l'ouvrage du sobriquet de « marguerites françaises » en référence aux fleurs de rhétorique (c'est-à-dire aux ornements supposés poétiques) que contiennent souvent ces propos doucereux et flatteurs. Une centaine d'années plus tard, les marguerites françaises ont perdu de leur originalité. Pour tout dire, le contenu semble complètement dépassé. Dès lors, considérées comme maladroites, désuètes et dérisoires, les belles paroles du siècle précédent deviennent – avec une connotation fortement péjorative – des compliments de la place Maubert. Au point de ridiculiser ceux qui osent encore utiliser les exercices de style proposés dans l'ouvrage. Un compliment de la place Maubert qualifie donc un propos démodé, négligeable, désuet, dérisoire, dépourvu de tout intérêt, voire vulgaire. Le genre de propos décousu que l'on tient au beau milieu d'une place populaire.

Faire le coq de la paroisse (exp., XIXᵉ s.).
Fier, sûr de lui et majestueux, parfois guindé ou en d'autres occasions précieux voire maniéré,

mais le plus souvent prétentieux, le coq du village promène sa superbe sur une basse-cour de gentes damoiselles subjuguées par ses manières ou son argent et prête à satisfaire ses désirs. Avec la bénédiction d'ouailles bienveillantes, concupiscentes et éventuellement consommatrices, l'évocation restreinte et profane du village laisse place au terme plus noble de paroisse (arrondissement où s'exerce la tutelle d'un curé).

Un vieux papillon (exp., XIXe s.).
Un homme qui a très largement passé l'âge de jouer les jouvenceaux, mais qui s'acharne à prendre les insouciantes postures et les sémillants atours d'une jeunesse galante, s'appelle un vieux papillon. Ou encore, un vieux beau.

Sexe

Bagasse (n. f., XVIe s.).
Attesté dès la fin du XVIe siècle pour parler d'une femme de mauvaise vie, le terme va quasiment disparaître avant de s'implanter un peu plus tard dans le sud de la France. Le mot bagasse prendra alors une connotation vulgaire et deviendra purement et simplement le synonyme de putain, puis il gagnera ses galons de juron provençal. Bagasse apparaît dans *Fanny* (Marcel Pagnol).

Catin (n. f., XVIe s.).
Au Canada, la catin apparaît sous les traits d'une innocente poupée de cire ou de porcelaine. Et, dans nos campagnes françaises, le mot a longtemps été utilisé comme une sorte de sobriquet affectueux qui servait à qualifier une très jeune fille, charmante et ingénue.
Dans son acception péjorative, la plus courante et la seule encore vivace, le mot évoque une femme de mauvaise vie et remplace celui de prostituée ou de putain. Catin s'utilise parfois sous une forme adjectivale.

Robert n'apprécie guère ces gourgandines délurées qui tentent de l'aguicher d'un déhanchement catin.

Gaupe (n. f., XVe s.).
Contrairement à la gourgandine (voir plus bas), la gaupe ne recule pas devant l'indécence et la grossièreté, qui se traduisent le plus souvent par des excès vestimentaires ou de langage, afin de conduire au mieux le commerce de ses charmes.

Gourgandine (n. f., XVIIe s.).
Femme facile, légère et libertine, la gourgandine mène une vie dissolue. Mais elle ne donne jamais dans la vulgarité et ne manque d'ailleurs pas d'allure lorsqu'elle déambule, au XIXe siècle, le long des boulevards de la capitale.

Grisette (n. f., XVIIe s.).
Grossière étoffe de couleur grise, la grisette

servait à confectionner les vêtements que portaient paysans et employés de condition modeste. Par extension, le mot désignera ensuite un habit de piètre tenue. On parlera donc d'une chemise ou d'une robe de grisette, puis, tout simplement, d'une femme vêtue de sa grisette (habit ordinaire, de mauvaise qualité). Par métonymie, le mot va ensuite s'appliquer à une jeune fille qui doit se contenter d'une bien médiocre situation sociale. Le terme va de nouveau dériver pour caractériser une petite ouvrière d'un atelier de couture. Et que fait l'ingénue employée d'une maison de mode ? Elle se laisse, paraît-il, facilement séduire. Ainsi la grisette devint-elle, au fil du temps, une jeune fille aux mœurs faciles et légères.

Lorette (n. f., XIXe s.).
Si la grisette (voir p. 232) se recrute parmi les ouvrières de modeste condition, la lorette, elle, se rencontre plutôt parmi les dames faciles du demi-monde. Certes coquette, la lorette aime le luxe et les parfums, mais elle manque d'aisance naturelle, de grâce et de distinction. De surcroît, elle se complaît souvent dans la sottise et la vanité et ne dédaigne pas s'amuser d'attitudes impertinentes. Beaucoup de ces femmes aux mœurs légères habitaient autour de l'église Notre-Dame-de-Lorette, à Paris, laquelle donna ensuite son nom au quartier puis à ses singulières locataires.

Tapiner (v. intr., XXe s.).
Directement dérivé du verbe taper, le substantif tapin désigne, au XVIIIe siècle, un homme (souvent un soldat) qui joue du tambour. Une activité qui ne passe jamais inaperçue et qui a même souvent pour fonction fondamentale d'attirer l'attention. Par exemple, le garde champêtre battait tambour pour que les administrés de la bourgade viennent écouter ses déclarations (avis à la population). Quant à la fonction du tapin de régiment, elle contenait également cette notion d'annonce (d'un rassemblement, d'un départ, d'une attaque). En d'autres termes, la mission du tapin d'alors exige qu'il se fasse voir et entendre.
Un glissement sémantique évident nous conduit ainsi vers des verbes comme interpeller, apostropher, héler. Aussi faire le tapin prendra-t-il le sens de racoler sur la voie publique, essentiellement pour se prostituer. Par métonymie, tapin deviendra donc synonyme de prostituée. Mais on parlera plutôt d'une tapineuse pour évoquer le plus vieux métier du monde. Enfin, le substantif donnera naissance au verbe tapiner, qui s'attachera surtout à caractériser l'action de se prostituer en racolant sur le trottoir. Mais certains auteurs utiliseront le verbe dans le sens argotique de travailler.

S comme... Sexe

Abbaye des s'offre-à-tous (exp., XIXe s.).
Ce lieu n'a rien de très catholique ! Et les joyeux pèlerins qui le fréquentent n'abusent pas de la prière du soir ni du profond recueillement qui sied habituellement aux couvents. En fait, luxure, débauche et volupté rythment la vie quotidienne de l'endroit. Bien loin des austères vocations ascétiques, le noceur s'adonne ici aux plaisirs de la chair. Et si les pieux dévots manquent à l'appel, en revanche, chacun peut y trouver un pieu ! En clair, l'abbaye des s'offre-à-tous désigne une maison de tolérance, c'est-à-dire un lieu de prostitution réglementé et contrôlé par la police.

En France, le vote de la loi dite Marthe Richard interdit les maisons de tolérance à partir d'avril 1946. Dans la seconde partie du XXe siècle, on dira donc un clandé (abréviation de bordel clandestin).

Il existe une ribambelle d'expressions pour nommer un lieu de prostitution. Au XIXe siècle, on utilise volontiers le terme étrange de chabanais (allusion à une célèbre maison ouverte dès 1820, rue Chabanais, à Paris). Quant au mot boxon (XIXe s.), il dérive de l'anglais *box* (boîte) qui désignait une petite pièce (appelée parfois cabinet particulier ou cabinet noir) réservée aux ébats des prostituées dans certaines tavernes sordides.

Aller à la retape (exp., XVIIIᵉ s.).
Une jeune femme provocante par ses manières, affriolante par ses toilettes et aguichante par ses paroles ne se rend visiblement pas à la messe : elle va à la retape. Tapageuse et voyante, cette demoiselle déambule sur les trottoirs des rues et des boulevards pour racoler les clients en leur proposant de grimper dans leur appartement, puis au septième ciel. La retape est synonyme du racolage dans son acception familière, et proche de la propagande dans son sens figuré (une entreprise peut faire de la retape pour ses produits, un parti politique pour son programme).

Aller au persil (exp., XIXᵉ s.).
Une femme va au persil lorsqu'elle s'attarde longuement en ville avec son panier sur le bras. Objectif officiellement avoué : acheter d'urgence l'indispensable bouquet qui viendra parfumer son ragoût. Sauf que le persil ne manque pas, puisque la plupart des commerçants de l'époque l'offrent gracieusement à leurs clientes. Dénicher les fameux brins aromatiques ne nécessite donc aucun tâtonnement fastidieux. En fait, ces gentes demoiselles se lancent dans de longues et laborieuses prospections chaloupées le long des boulevards dans l'espoir qu'un homme les suive pour pimenter la soirée. Car ces femmes qui vont au persil aguichent les flâneurs. Bref : elles racolent. Dans le même

esprit, on dit également : « cueillir (ou faucher) le persil ».

Avoir les oreilles bien longues (exp., XVIIe s.).
La tournure exprime clairement la mine déconfite qui résulte d'un intense épuisement. Abattement, faiblesse et atonie se lisent sur ce visage fourbu. Mais attention, il ne s'agit pas de n'importe quelle fatigue. En fait, celui ou celle qui a les oreilles bien longues ne ressent pas les effets d'un travail ardu. Pas plus qu'il ne supporte les conséquences d'insomnies répétées. Son asthénie passagère ne résulte que d'une seule chose, fort simple : il est exténué d'avoir trop fait l'amour. Ce qui retient l'attention dans cette locution réside dans l'attribut visé : les oreilles. Certes, chacun peut facilement imaginer des traits tirés, un teint blafard, une paupière lourde, voire plissée, et une lèvre sans vie. En revanche, côté oreilles, il faut bien avouer que personne ne perçoit très bien ce qu'il faut leur reprocher. Même après une nuit de fornication !

Avoir les talons courts (exp., XVIIe s.).
Cette belle expression vaut essentiellement par la force de l'image qu'elle évoque. Encore faut-il ne pas s'engager sur une fausse route. Par exemple, on pourrait légitimement affirmer qu'un individu de petite taille a les talons courts. Eh bien, pas du tout ! Pour percevoir la portée de la locution, il faut songer à ce qui se passe pour

une femme qui porte des talons trop courts : elle tombe à la renverse ! C'est-à-dire sur le dos. Et que fait donc une demoiselle sur le dos ? Ainsi, une libellule des faubourgs qui a les talons courts se laisse facilement... culbuter. Dans son acception friponne, le verbe culbuter signifie : posséder sexuellement. Mais dans son sens premier, il veut bel et bien dire : faire une culbute. Autrement dit : tomber à la renverse. Et lorsqu'elle tombe à la renverse, la donzelle se fait culbuter ! Elle a les talons courts.

Donner deux jambons pour une andouille (exp., XVIIe s.).
Cette affaire ne fait pas vraiment dans la dentelle ! La mercière n'a donc rien à se reprocher. Pas plus que le charcutier. Quand vous saurez que les deux jambons évoquent les cuisses d'une accorte demoiselle, vous aurez facilement deviné que l'andouille peine à cacher une fine allusion au membre viril du mâle. Celle qui donne deux jambons pour une andouille se livre donc à la prostitution. L'activité n'a pas manqué d'attiser les imaginations les plus fertiles. À la même époque, elle a donné naissance à des expressions fleuries ou vulgaires qui se passent de commentaires telles que faire cul bas, tomber à l'envers, jouer au reversis, etc.

Le petit métier (exp., XVIIe s.).
Une femme qui exerce le petit métier pratique

le plus vieux métier du monde : elle s'adonne à la prostitution.

Sommeil

Compter ses écus (exp., XVIIe s.).
Celui qui roupille en laissant percer quelques borborygmes, gargouillis, sifflements et autres ronflements passagers a pour le moins le sommeil agité. La tradition populaire assimile avec ironie tous ces bruits intempestifs aux pièces d'or ou d'argent qui remuent dans la tête du dormeur au moindre de ses mouvements. Ainsi compte-t-il ses écus. À l'inverse, celui qui a travaillé honnêtement pionce comme une souche inerte sans bouger et sans émettre de sons suspects. L'énergumène qui compte ses écus ne dormirait donc pas du sommeil du juste.

Sottise

Balançoire (n. f., XVIe s.).
Chacun se souvient de la balançoire de son enfance : soit du siège instable en forme de planchette suspendue à ses deux extrémités par une corde solidement accrochée à un portique ou, de façon plus précaire, à une branche d'arbre ; soit de la longue planche étroite soutenue en son milieu par un appui fixe. Envol solitaire dans le

premier cas, grâce à un franc, subtil et vigoureux lancer de jambe parfaitement synchronisé au rythme des mouvements ; curieux face-à-face en forme de soubresauts alternatifs dans le second. Mais la balançoire qui nous intéresse n'a rien à voir avec cette distraction enfantine. Encore que l'on retrouve la notion d'amusement, puisque ce mot désigne ici une plaisanterie un peu sotte ou un propos incongru. Cette balançoire-là se rapproche de la fadaise ou de la baliverne.
Par ailleurs, dans l'argot des comédiens du XIXe siècle, faire la balançoire consistait, par jeu, à ajouter à un rôle des répliques improvisées destinées à déstabiliser ses partenaires.

Baliverne (n. f., XVe s.).
Propos ou écrit dépourvu de tout intérêt, la baliverne se caractérise par un contenu résolument vide de sens et entaché d'erreurs flagrantes. Le mot se charge des nuances de la plaisanterie, notamment dans l'expression trêve de balivernes qui a pour fonction d'attirer l'attention de l'auditoire vers un retour à des propos sérieux et argumentés.

Billevesée (n. f., XVe s.).
Propos ou écrit vide de sens et souvent erroné. Synonyme parfait de baliverne, le mot s'utilise plutôt au pluriel.

Calembredaine (n. f., XVIIIe s.).
Celui qui raconte des calembredaines (dérivation du mot calembourdaine, lui-même formé à partir de calembour) a le souci d'amuser l'assemblée par des propos saugrenus, insolites et cocasses. Dans certains cas, emporté par l'extravagance de son imagination, cet orateur à la fois disert et charmeur peut s'égarer sur le terrain du fantasque ou du grotesque, voire du ridicule. Le mot s'utilise essentiellement au pluriel. Au singulier, il désigne une action insensée.

Fadaise (n. f., XVIe s.).
Celui qui débite des fadaises n'a pas un sens de l'humour très aiguisé, puisqu'il aime conter des plaisanteries insipides, voire franchement sottes. Le terme s'applique également aux écrits sans relief qui n'expriment que des lieux communs. De même, une fadaise s'utilise pour décrire un objet insignifiant et sans valeur.
Marie-Chantal n'apprécie guère les fadaises de son chef de service.

Faribole (n. f., XVIe s.).
Idée, propos ou écrit parfaitement creux et de peu d'importance, la faribole ressemble comme une sœur jumelle à la baliverne et à la billevesée. Seule différence, le mot peut aussi servir à désigner un objet frivole. Il s'applique également aux pantomimes et gesticulations désordonnées, voire ridicules.

Non seulement Robert raconte parfois des billevesées à Marie-Chantal, mais il lui offre aussi des fariboles du plus mauvais goût.

Sornette (n. f., XVe s.).
Que ce soit sous la forme d'un propos oral ou d'un écrit, les sornettes ne méritent aucune attention particulière dans la mesure où elles ne développent que des idées insignifiantes et dépourvues de tout intérêt. Synonyme de baliverne, billevesée et faribole.

Souci

Tracassin (n. m., XXe s.).
Tourmenté, inquiet, voire franchement anxieux, celui qui se fait du tracassin est obsédé par de petits riens qui perturbent sa vie quotidienne. Certes, le tracassin chagrine, déçoit ou contrarie, mais jamais il n'accable, décourage ou désespère, se rangeant plutôt aux côtés du mécontentement ou du désagrément passager. Inquiétude mineure, le tracassin agace et turlupine plus qu'il ne fait souffrir.
Dans un tout autre sens, l'individu qui a le tracassin ne tient pas en place. Il s'agit d'un énergumène passablement agité qui a la bougeotte. On dirait aujourd'hui qu'il brasse de l'air.
Depuis qu'il a décidé de changer d'entreprise, un lancinant tracassin empêche Robert de dormir.

Surprise

Ébaubi(e) (adj., XIIIᵉ s.).
Une musique, un opéra, un spectacle, un tableau, un livre, un monument, bref l'œuvre d'un artiste, mais aussi un discours voire une simple réplique (méchante ou humoristique), une exceptionnelle beauté physique, une attitude, une information et tant d'autres choses encore peuvent vous laisser tout ébaubi. À savoir : déconcerté, décontenancé, ébahi, éberlué, étonné, interloqué, pantois... Face à un tel événement, on reste bouche bée c'est à-dire sans pouvoir prononcer le moindre mot.
Il faut rapprocher cette image du verbe abaubir (rendre bègue), formé à partir du latin *balbus* (bègue).
L'adjectif ébaubi vient donc du participe passé du verbe abaubir, devenu ébaubir. Attention, il y a ici deux « b » ! Ne pas confondre avec ébaudir (voir p. 210). Celui qui demeure tout ébaubi est ainsi comme frappé de surprise au point de bégayer, de ne plus pouvoir s'exprimer correctement.

Sur les plages estivales, la beauté naturelle de Marie-Chantal en laisse plus d'un tout ébaubi, ce qui agace prodigieusement Robert et ne manque pas d'ébaudir la jeune femme.

Timidité

Un amoureux de Carême (exp., XVIe s.).
Période de jeûne et d'abstinence qui prépare les chrétiens à la Passion du Christ, le carême date du IVe siècle (mais il ne fut institutionnalisé par l'Église qu'au XIIe s.).
Situés entre le mardi gras et la fête de Pâques, ces quarante-six jours de sobriété placés sous le signe de privations en tout genre n'appellent guère à la gaudriole. Et encore moins aux galipettes sous la couette. Le timide qui a la fâcheuse tendance à calquer toute l'année son rythme de vie et ses pratiques quotidiennes sur ce comportement d'ascète fait donc la (triste) figure d'un amoureux de carême.

Être un chaud lambin (exp., XVIIe s.).
Le verbe lambiner ne s'utilise plus guère. Il

qualifie une action réalisée sans grande conviction par un individu qui traînasse. Le lambin se caractérise ainsi par son manque d'enthousiasme et par l'absence de toute motivation. Indolent, il exécute ses travaux avec une lenteur excessive et sa mollesse a souvent le don d'exaspérer son entourage.

Par extension, le mot illustre aussi une posture distante, mais sans arrogance. Il émane d'une telle personnalité une évidente froideur, essentiellement puisée dans un fond de timidité. Le chaud lambin, par peur du ridicule ou par gaucherie, préfère donc se détourner de la compagnie des femmes.

Cette amusante tournure doit bien évidemment sa construction à la proximité phonétique d'une formule qui exprime l'attitude opposée. Car à l'inverse, le chaud lapin, insatiable séducteur toujours prêt à sauter sur tout ce qui bouge, déborde pour sa part d'activité, notamment sexuelle.

Tôt

Dès le potron-jacquet (exp., XVIIe s.).
Le jacquet n'est autre que l'écureuil. Quant au terme potron, il désigne le derrière. Et l'écureuil montre son derrière aux premières lueurs du jour. Ceux qui s'éveillent sans sourciller dès le potron-jacquet accréditent l'idée que l'avenir

appartient aux lève-tôt. Lorsqu'un chat prend la place de l'écureuil, on entend encore aujourd'hui une expression du XIXe siècle : se lever dès le potron-minet. Trois siècles plus tôt, de fins lettrés optaient pour un réveil à l'aube des mouches.

Trahison

Voir aussi *Hypocrisie*, p. 119.

Félon(ne) (adj., Xe s.).
Personne qui trahit un serment, un engagement ou une parole donnée. La félonie (n. f., XIe s.) est un acte déloyal commis à l'encontre de son supérieur hiérarchique.

Forfaiture (n. f., XIVe s.).
Manque de loyauté, trahison, félonie ou violation d'une promesse, chacune de ces situations définit parfaitement la forfaiture. En droit, elle caractérise aussi une grave infraction commise par un fonctionnaire dans l'exercice de ses fonctions.

Tranquillité

Accoiser (v. tr., XIIe s.).
Tout individu qui se tient coi reste tranquille

et silencieux. Dans le même esprit, accoiser la colère de quelqu'un revient à le calmer. Ce verbe s'utilise également à la forme pronominale : les marins attendent que la tempête s'accoise pour sortir les bateaux du port.

Bonace (n. f., XIIe s.).
Les plaisanciers peu expérimentés se méfient des océans chahutés par les vents capricieux. Et plutôt que d'essuyer un grain féroce, ils préfèrent la bonace, c'est-à-dire une mer étale, lisse comme un tissu de soie.
Par extension, le mot s'applique au comportement humain pour caractériser l'absence d'agitation. Il devient alors synonyme de tranquillité, d'immobilité, voire de sérénité.

Impavide (adj., XIXe s.).
Calme, imperturbable, impassible, une personnalité impavide force généralement l'admiration dans la mesure où elle n'éprouve ou ne laisse paraître aucune crainte face aux situations délicates. L'individu impavide affiche une sereine indifférence et rien ne semble pouvoir l'atteindre, qu'il s'agisse d'insultes ou d'un réel danger.
Robert a cette faculté de rester impavide sous une violente pluie d'orage, poursuivant sa route comme si de rien n'était.

Tranquille comme Baptiste (exp., XIXe s.).
Dans les parades, saynètes, farces et comédies

populaires, le niais porte très souvent le doux prénom de Baptiste. Naïf ou benêt, ce dadais souvent borné conserve une indolence naturelle et son air godiche sous une pluie de coups ou de quolibets. Jamais il ne réagit ni ne se fâche. Par extension, ce nigaud qui navigue aux confins de l'apathie illustre ainsi un personnage calme et passif. Le brave quidam qui suit son petit bonhomme de chemin sans se soucier du jugement de ses détracteurs est donc tranquille comme Baptiste.

Travail

Apléter (v. tr., XVIIIe s.).
Un paysan ou un ouvrier qui aplète son travail s'empresse d'accomplir sa tâche avec ardeur. Il s'active autant qu'il peut pour terminer au plus vite sa besogne. On rencontre aussi l'orthographe appletter.

Avoir les abattis canailles (exp., XIXe s.).
Pour mieux insister sur les origines roturières d'un individu, les aristocrates parlent avec mépris de ses abattis canailles. L'expression désigne des mains et des pieds qui ne brillent guère par leur élégance naturelle. Autrement dit, celui qui possède des paluches larges, massives et charnues ne peut que travailler durement. Il signe ainsi ses modestes ascen-

dances puisqu'il lui faut trimer de ses mains pour gagner sa vie.

Tirer sa poudre aux moineaux (exp., XVIIe s.). La locution tirer sa poudre semble signifier : utiliser ses munitions, en l'occurrence, la poudre, indispensable au bon fonctionnement des armes à feu relativement rudimentaires de l'époque. De surcroît, entretenir cette modeste artillerie personnelle coûte suffisamment cher pour ne pas l'employer à tort et à travers. Ainsi, mieux vaut s'en passer pour chasser de simples moineaux. Le matériel déployé serait sans commune mesure avec le résultat produit. Le pauvre bougre qui fournit une quantité considérable de travail sans en recueillir les fruits se donne beaucoup de mal pour rien. Il tire sa poudre aux moineaux.

Travailler comme un cogne-fétu (exp., XIXe s.). Le fétu a bel et bien ici son sens courant de brindille, voire de brin de paille. En fait, le cogne-fétu s'applique à tailler sa brindille qu'il s'évertue ensuite à introduire minutieusement dans l'interstice entre deux briques (ou pierres). Une mission quasiment impossible, tant le brin de paille n'en finit pas de se rompre. L'expression cogne-fétu désigne donc un individu qui se tue au labeur sans en tirer le moindre profit. Et travailler comme un cogne-fétu revient à déployer une intense activité et à dépenser une

énergie colossale sans obtenir la moindre récompense financière ou honorifique.
Il existe de très nombreuses expressions pour qualifier un travail inutile, vain, inefficace ou qui ne rapporte pas le moindre fifrelin. Voire pour désigner une lourde tâche à l'issue incertaine, soit parce qu'elle n'en vaut pas la peine, soit parce que d'autres vont savoir en tirer profit. Ainsi trouve-t-on dans ce même registre des locutions du XVIIe siècle telles que battre les buissons pour qu'un autre prenne les oiseaux, aboyer contre la lune ou frapper à la porte d'un trépassé. De nos jours, on entend encore une expression qui nous vient de la même époque : le jeu n'en vaut pas la chandelle. Ce qui signifie que les gains du jeu ne permettent même pas d'acheter une chandelle, objet ô combien précieux en ce temps-là, donc cher.

Tristesse

Bourdon (n. m., XIIIe s.).
Voilà un substantif aux sens très différents les uns des autres. Le bourdon désigne tout d'abord un long bâton de pèlerin généralement surmonté par un ornement en forme de pomme. Quant au point de bourdon, il caractérise une broderie en relief. Il y a également l'insecte lourd et velu de l'ordre des hyménoptères, apparenté à l'abeille. Le mot se retrouve d'ailleurs dans

l'expression faire le bourdon. Elle qualifie un individu qui, à l'instar de l'insecte, s'agite sans raison en faisant beaucoup de bruit (on dirait aujourd'hui qu'il brasse de l'air). Dans un sens assez proche, l'expression « avoir la tête comme un nid de bourdons » signifie que l'esprit s'agite, que les idées s'embrouillent. Reste le bourdon d'une cathédrale, qui s'applique à une très grosse cloche au son extrêmement grave. Mais il y a encore le bourdon qui désigne une faute de typographie se traduisant par l'absence d'un ou de plusieurs mots dans un texte au moment de sa composition.
Dans l'acception figurée qui nous intéresse ici, un individu qui a le bourdon manque de tonicité, de dynamisme, de détermination, de vigueur. En d'autres termes, il sombre dans la mélancolie, la tristesse, la nostalgie, voire le chagrin.

Robert a une sainte horreur des fêtes de Noël et du jour de l'an, car elles lui donnent régulièrement le bourdon.

Cafard (n. m., XVIᵉ s.).
Insecte orthoptère noir de forme aplatie, le cafard n'inspire pas la rigolade. Il effraie même parfois les jeunes ménagères par son aspect répugnant. À l'origine (peut-être par analogie avec la couleur), le cafard s'applique au bigot qui affecte l'apparence de la ferveur religieuse ou d'une vertu de mauvais aloi. Par extension, le cafard correspond à quelqu'un qui agit de manière sournoise tout en arborant un com-

T comme... Tristesse

portement distingué, mielleux, patelin. Aussi deviendra-t-il, au XIXe siècle, le mouchard (rapporteur) des cours de récréation. Le substantif va d'ailleurs donner naissance aux verbes cafeter (on écrit maintenant : cafter) ou cafarder, synonyme de dénoncer.
Dans l'acception qui retient ici notre attention, le cafard caractérise une tristesse lancinante, invincible, éprouvante. Il s'accompagne d'idées noires (analogie à la couleur de l'insecte) qui fourmillent dans la tête (autre allusion à ces bestioles qui pullulent) et se conjuguent souvent avec une profonde fatigue.

Marie-Chantal accusa un gros coup de cafard quand sa meilleure amie partit vivre au Mexique.

Marri(e) (adj., XIIe s.).
Des chercheurs sont profondément contrariés quand ils travaillent avec rigueur et ténacité pendant de longues années sans obtenir de résultat tangible. Ils sont marris d'une telle situation, ce qui signifie qu'ils sont attristés (désolés, fâchés, voire effondrés) de ne pas parvenir à leurs fins.

Marie-Chantal s'étonne que Robert soit profondément marri de ne pas avoir su s'imposer en finale du tournoi de tennis réservé aux salariés de son entreprise.

Elle est elle-même fort marrie d'apprendre que le mari de sa meilleure amie a décidé de quitter le foyer conjugal.

Morose (adj., XVIIe s.).
Renfrogné, maussade, morne, triste, un individu morose affiche à longueur de temps des idées sombres. Ce genre de comportement pousse au découragement, voire au désespoir. Dans la réalité quotidienne, un personnage morose se nourrit des craintes et désolations du monde qui le mécontentent fortement. On parle aussi d'un air (visage, comportement), voire d'une pensée (idéologie) morose, de même qu'on peut qualifier de morose un hôtel, un climat politique ou une conjoncture économique

Rabat-joie (n. inv., XIVe s.).
Plus à plaindre qu'à blâmer, le rabat-joie semble lire tous les événements de la vie à travers la lorgnette de la tristesse. Maussade, morose et renfrogné, boudeur à l'occasion, le rabat-joie ne s'attire que reproches et moqueries tant la grisaille de son attitude et de ses propos chagrins en vient souvent à troubler la joie de ses coreligionnaires. Ainsi le rabat-joie côtoie-t-il le bonnet de nuit ou le trouble-fête.

Saturnien(ne) (adj., XIVe s.).
Paul Verlaine (1844-1896) remit le terme au goût du jour en publiant ses célèbres *Poèmes saturniens* (1866). Dans ce premier recueil, le poète narre son désarroi et ses amours contrariées dans un style qui se caractérise par l'exceptionnelle maîtrise d'une musicale tristesse. L'adjectif

saturnien évoque précisément la mélancolie, la nostalgie, la grisaille, la tristesse, le spleen (voir plus bas). On peut donc appliquer ce qualificatif à un tempérament, un univers, une ambiance, une œuvre, etc. Certains auteurs ont utilisé une forme substantive (très rare) pour décrire un individu abattu, secret, taciturne, réservé et fondamentalement triste.

Spleen (n. m., XVIIIe s.).
Dans la langue anglaise, le mot *spleen* désigne la rate. Or, cet organe avait la réputation d'abriter les humeurs noires. Le mot devint donc synonyme de mélancolie, cafard, bourdon. Le spleen caractérise un état de vague tristesse qui peut aller d'un simple ennui passager, donc sans conséquence néfaste, jusqu'au dégoût de l'existence lequel, cette fois, risque de déboucher sur une longue et véritable dépression. Langueur et neurasthénie sont des synonymes de spleen. Charles Baudelaire (1821-1867) a largement contribué à la notoriété du substantif avec *Les Fleurs du Mal* (1821), dont l'une des parties s'intitule « Spleen et Idéal ».

Taciturne (adj., XVe s.).
Calme, sombre, austère et morose (voir p. 254), un personnage taciturne ne brille guère par son éloquence. Car, en toute occasion, il préfère rester discret, voire silencieux. Tout le contraire du phraseur volubile ! Une telle attitude se teinte

donc d'une nuance de secret et de tristesse. L'adjectif qualifie aussi une humeur, un comportement ou un caractère. Là encore, à l'instar du mot saturnien (voir p. 254), on rencontre dans certains textes de très rares utilisations sous la forme substantive.

Vent

Aquilon (n. m., XIIe s.).
Violent, froid et orageux, l'aquilon est d'abord un vent du nord. Le terme a ensuite pris un sens plus général pour caractériser un vent violent, quelle que soit sa provenance ou son orientation. Par métonymie, le mot peut aussi désigner le nord (la direction ou le point cardinal, et non pas la région). Sous forme de métaphore cette fois, l'aquilon évoque une situation particulièrement pénible, chaotique voire douloureuse.

Zéphyr (n. m., XVIe s.).
À l'inverse de l'aquilon, le zéphyr se caractérise par une brise douce, légère, parfois tiède et, finalement, plutôt agréable. C'est un vent d'ouest, personnifié par la divinité Zéphyre (avec un « e ») dans la mythologie romaine.

Représenté sous les traits d'un jeune homme pourvu d'ailes de papillon, Zéphyre apporte la fraîcheur des pluies bienfaisantes du printemps. Par ailleurs, le zéphyr s'applique aussi à un tissu de coton fin et souple utilisé par l'industrie textile pour confectionner des vêtements légers (notamment pour les enfants) et des sous-vêtements.

Vêtement

Défroque (n. f., XVIIe s.).
Objets, vêtements et petit mobilier qu'un religieux quitte en mourant, la défroque gagna le champ profane pour désigner les effets que laisse un défunt sans les avoir inscrits sur son testament. Si cette défroque présente souvent un réel intérêt affectif, en revanche elle affiche toujours une médiocre valeur marchande. Aussi le terme va-t-il s'employer pour définir de vieux vêtements, modestes et pratiquement hors d'usage. Il s'applique aussi parfois à une tenue bizarre, voire grotesque.
Au sens figuré, la défroque caractérise une catégorie de thèmes, d'attitudes ou d'usages éculés, dépassés, hors d'âge à force d'avoir été ressassés. Ainsi certains auteurs ont-ils évoqué la défroque épique, mélodramatique ou romantique.

Frusques (n. f. pl., XIXᵉ s.).
Habits en piteux état, vieux ou de mauvaise qualité, les frusques se portent généralement rapiécées, voire déchirées. Il s'agit très clairement de vêtements usagés ou de médiocre apparence auxquels leur propriétaire ne prête aucune attention particulière. Très rare, le verbe frusquer peut se conjuguer à la forme pronominale comme synonyme de s'habiller, se vêtir. Voir aussi *Frusquin* p. 23.

Guenille (n. f., XVIIᵉ s.).
À l'origine, la guenille désignait un morceau d'étoffe sans aucune valeur, éventuellement déchiré, qui servait de chiffon aux paysans puis aux ouvriers. Par métonymie, ce mot souvent utilisé au pluriel évoque des vêtements misérables, sales, en lambeaux. Ainsi parle-t-on d'un vagabond vêtu de guenilles.
Dans un sens figuré très littéraire, le mot s'emploie (au singulier) pour dépeindre un personnage fatigué, affaibli, dépité, démoralisé ou déchu (physiquement et moralement). Enfin, le terme peut aussi caractériser une chose sans importance, voire méprisable.

Haillon (n. m., XVᵉ s.).
Comme la guenille, le haillon définissait là encore des vêtements ou des morceaux de tissu usagés. Les plus démunis l'utilisaient pour se protéger du froid ou, tout simplement, pour se

couvrir. Impossible en effet de dire qu'ils le faisaient pour s'habiller, même si les haillons remplacent alors de véritables vêtements. Notons d'ailleurs qu'il vaut mieux évoquer un mendiant couvert (plutôt que vêtu) de haillons. Car, si pitoyables soient-elles, hardes et guenilles conservent un aspect vestimentaire que ne présentent pas les haillons.

Hardes (n. f. pl., XVe s.).
Celui qui partait pour un long périple emmenait bien sûr des vêtements dans ses bagages. Mais il lui arrivait également d'emporter du linge, des objets et même de petits meubles. L'ensemble de ces effets personnels de première utilité s'appelait communément les hardes. Le terme va ensuite s'attacher aux seuls vêtements que possède un individu, puis il prendra une connotation péjorative pour décrire des tenues sales, râpées, usées et trouées, voire en loques. Les hardes dégagent donc un aspect repoussant que ne présentent pas forcément les frusques ou les nippes.

Nippe (n. f., XVIIe s.).
Dans sa plus ancienne acception, la nippe servait à la parure des toilettes féminines. Objet, morceau d'étoffe, écharpe, ruban, cordon, bijou ou accessoire utilisé pour ajuster un vêtement, mais aussi, dans certains cas, pour le mettre en valeur, la nippe appartenait donc à la catégorie des

ornements et autres fioritures que toute jeune élégante se devait d'insérer dans son trousseau. Dans son sens moderne, le mot pluriel caractérise des vêtements de mauvaise qualité et/ou usagés. Les nippes ressemblent alors ici aux frusques.

Oripeau (n. m., XIIe s.).
Au Moyen Âge, une étoffe ou une broderie confectionnée avec des fils de faux or ou de faux argent s'appelait un oripeau. Il y avait là une évidente filiation avec la plus ancienne acception du mot, à savoir : une lame très fine de laiton ou de cuivre qui, de loin, ressemble à de l'or. Au sens figuré, l'oripeau se rangea donc très vite dans la catégorie des ornements qui affichent un éclat factice dans le but de tromper, de masquer la réalité.
Depuis le XVIIe siècle, le terme s'utilise au pluriel pour définir des vêtements démodés et défraîchis. Mais ces oripeaux conservent cependant un zeste de clinquant qui leur donne souvent un air ridicule.

Brave comme un bourreau qui fait ses Pâques (exp., XVIIe s.).
Là encore, comme dans l'expression précédente, le terme brave ne s'apparente en aucune façon à l'audace. Il prend ici le sens ancien d'homme serviable, élégant et distingué. Quant aux Pâques, elles gardent à l'époque une importance

V comme... Vêtement

de premier plan dans un contexte où la foi officielle (le catholicisme) et son clergé régissent les rouages de la société et en rythment la mesure.

La fête chrétienne de Pâques commémore la résurrection du Christ. Quant à la locution « faire ses Pâques », elle englobe une série de rituels, à la fois religieux et païens. D'abord, il s'agit bien sûr de recevoir la communion prescrite aux fidèles par l'Église (dans une année, certains ne vont communier que ce jour-là). Encore faut-il (en principe !) s'être auparavant confessé devant un prêtre. Sur le plan profane, outre les agapes familiales, Pâques reste l'occasion d'endosser de nouvelles tenues printanières (la cérémonie a lieu le premier dimanche qui suit la pleine lune de l'équinoxe de printemps). Pour résumer, dans nos campagnes françaises du XIXe siècle, bon nombre de paysans ne s'endimanchent qu'à cette occasion. Y compris le bourreau ! D'autant que celui-ci bénéficie alors d'un énorme privilège. Explication : le bourreau porte habituellement des habits marqués d'un signe distinctif (potence, échelle). Or, en ce jour de Pâques, il peut s'habiller comme bon lui semble. Autant dire qu'il en profite pour étrenner un costume tiré à quatre épingles (XVIIe s.). C'est-à-dire qu'il sort vêtu avec un soin et une recherche remarquables. Par extrapolation, vous aurez compris qu'être brave comme un bourreau qui fait ses Pâques qualifie une personne raffinée, habillée avec goût et qui peut même avoir beaucoup d'allure.

Brave comme un lapin écorché (exp., XVIIe s.). Plus grand monde n'écorche de lapins en ce début de XXIe siècle. D'ailleurs, mis à part les professionnels et quelques paysans, qui saurait encore écorcher un lapin ? Dans les années 1950-1960, nombre de familles fraîchement citadines élèvent toujours ce sympathique petit mammifère. Non pas comme animal de compagnie, mais bel et bien pour leur consommation personnelle. Les lapins vivent alors dans d'improbables cages grillagées, le plus souvent situées au fond du jardin. Et des générations de gamins traumatisés vont assister à l'abattage approximatif de leur compagnon d'un soir qui avait partagé leurs secrets lorsqu'il fallait porter au rongeur les restes de pain rassis et les épluchures de carottes.
Le père se dévouait sans enthousiasme pour assommer l'animal d'un grand coup à la base des oreilles. Puis il se précipitait maladroitement sur le couteau tremblant qui provoquait l'entaille mortelle. Fermement tenu par les pattes postérieures, le lapin se vidait alors de tout son sang. Venait enfin le moment où il fallait l'écorcher c'est-à-dire le dépouiller de sa peau. Ou plus exactement de sa fourrure. Adieu les belles oreilles, la queue en pompon, les poils soyeux...

A priori, l'expression n'aurait rien à voir avec la bravoure. Le mot brave s'attache ici à une ancienne acception : aimable, distingué, élégant, honnête (brave homme). Il faut donc s'en remettre à la notion de nouvelle peau clairement exprimée par ce malheureux animal dépouillé de sa fourrure. Aussi, celui qui est brave comme un lapin écorché a tout simplement changé d'habits, de tenue. Il porte avec goût des vêtements flambants neufs.

Vieux

Barbon (n. m., XVIe s.).
Ce charmant petit mot, composé sous l'influence de l'italien *barbone* (lui-même dérivé de *barba* signifiant barbe) est utilisé pour décrire un homme fané, fatigué, usé par le poids des ans. À l'origine, le barbon portait une grande barbe et, par analogie, le terme en vint à désigner un vieillard qui, dans l'imagerie des siècles passés, affichait invariablement moustache, barbiche, bouc ou collier grisonnant.

Birbe (n. m., XIXe s.).
Il y a dans ce substantif une incontestable connotation péjorative que l'on ne retrouve pas dans barbon. Homme d'âge mûr, voire vieillard, le birbe agace son entourage par ses remarques, son comportement ou ses exigences déplacées.

Pour accentuer la nuance désagréable, certains auteurs ont aussi employé birbaillon. On rencontre parfois le terme birbasse (n. f.) pour évoquer une vieille femme.

Grison(ne) (n. et adj., XVe s.).
Celui ou celle dont les poils tournent à la couleur grise (cheveux, barbe, sourcils) est qualifié de grison ou de grisonne. Sous une forme adjectivale, on peut aussi parler d'un collier ou d'un bouc grison. Le terme s'appliqua également aux valets, serviteurs et soubrettes dont les maîtres exigeaient qu'ils portassent des vêtements gris afin de rester discrets dans l'exercice de leurs tâches domestiques. En fait, au XVIIe siècle, le grison remplissait parfois des missions confidentielles pour le compte de ses employeurs. Parallèlement, le mot prit alors le sens de filou.

Laissez faire à Georges, c'est un homme d'âge (exp., XVIIe s.).
Réplique en forme d'expressions qui appelle à la sagesse et au bon sens d'un personnage expérimenté, cette amusante tournure pourrait se suffire à elle-même et n'appeler aucun commentaire. Seulement voilà, le Georges en question n'a rien d'un anonyme ! Son parcours et sa notoriété serviront à forger cette devise populaire qui fleure bon le conseil avisé et ne manque ni de rythme ni d'accent débonnaire. L'adage sera transmis et soutenu par la force de

la tradition orale. Pourtant, au moment où il court, plus grand monde ne connaît ce brave Georges.

Archevêque de Narbonne puis de Rouen, Georges d'Amboise (1460-1510) devient Premier ministre de Louis XII (1462-1515), puis cardinal. Fin négociateur, administrateur habile et honnête, il instaure une économie saine. Son action permet le retour d'une certaine prospérité et elle contribue à développer les échanges commerciaux. Autant de facteurs qui vont largement contribuer à développer la popularité de Louis XII. Surnommé le père du peuple, le souverain avait eu parfaitement raison de laisser faire à Georges !

Vivacité

Émerillonné(e) (adj., XVe s.).
Faucon de taille modeste, l'émerillon mesure une trentaine de centimètres. Deux fois plus petit que le faucon gerfaut, il vit en Eurasie et en Amérique du Nord. Également appelé faucon-pigeon, l'émerillon s'utilisait parfois dans la fauconnerie médiévale, mais plus rarement que le noble faucon pèlerin. Il appartient au groupe des crécerelles, composé de treize espèces différentes.

Comme tous les rapaces diurnes de la famille des falconidés, l'émerillon qui chasse vole très haut et très longtemps, avant de s'abattre brutalement sur sa proie, à une vitesse vertigineuse (plus de 250 km/h pour le faucon pèlerin). Ces caractéristiques en font un symbole évident d'énergie, d'audace et de vivacité.

L'adjectif émerillonné dérive donc directement de l'émerillon pour caractériser des personnages, choses, attitudes, états et comportements qui ne manquent pas d'éclat, de vigueur, d'ardeur. Mais, en raison de la vue perçante de l'oiseau que laisse supposer sa manière de chasser, l'emploi s'est essentiellement focalisé sur la vision. Ainsi parle-t-on d'un regard ou d'un œil émerillonné (vif, éveillé). Rien n'empêche cependant d'utiliser l'adjectif dans un autre contexte.

D'aucuns signalent également l'existence du verbe transitif émerillonner dans le sens de rendre alerte, rendre gai. Mais il a été très rarement usité.

Dans cette assemblée d'érudits, l'humeur émerillonnée de Marie-Chantal gagna rapidement les plus compassés.

Dans les soirées entre amis, l'alcool émerillonne l'esprit de Robert.

Frisque (adj., XIVe s.).
Pimpant, vif et fringant, un jeune homme ou une jeune fille frisque ne manque ni d'ardeur ni de bonne humeur. Guilleret, enjoué, pétillant et déluré (voire fougueux), un tempérament frisque dégage une énergie communicative qui

lui permet d'emporter l'adhésion de son entourage.

La beauté frisque de Marie-Chantal séduisit d'emblée Robert

Sémillant(e) (adj., XVIe s.).
Fringant, vif, alerte et ardent, un personnage sémillant séduit sans artifice une assemblée par son naturel plaisant. Aimable, enjoué et pétillant, son humeur égale charme ses collègues de travail ou ses compagnons de voyage. Sémillant se rapproche de frisque (voir p. 267).

Voleur

Aigrefin (n. m., XVIIe s.).
Escroc passé maître dans l'art de gruger les gens par exemple l'aigrefin vend des placements financiers qui affichent des taux de rentabilité exceptionnels dont l'acquéreur ne voit jamais la couleur. Dans ce cas, en professionnel aguerri de l'arnaque, l'aigrefin a tendance à s'évaporer dans la nature sans laisser d'adresse dès qu'il a fait fortune en trompant de candides victimes. Ce type d'individu qui joue de la naïveté du public et se joue des conséquences néfastes de ses actes se rencontre dans de multiples secteurs de l'activité économique.
Autrefois, les aigrefins traînaient la savate, avec une certaine bonhomie, sur la place du marché

en proposant remèdes miracles et ustensiles magiques aux ménagères en mal d'utopie. Désormais, ils officient par le truchement du réseau Internet pour appâter les plus fragiles en promettant monts et merveilles : kilos envolés, amour fusionnel, pénis allongé, diplôme assuré, emploi retrouvé, guérison certaine, argent facile, etc. Mais moyennant bien sûr un gros chèque en échange de leur service, qui se résume à une exceptionnelle virtuosité dans l'usage du marketing.

Arsouille (n. et adj., XVIIIe s.).
Homme ou femme, l'arsouille a la dégaine d'un voyou, d'une crapule. Ce genre d'individu s'apparente alors aux petites frappes et autres débauchés ou dépravés. Employé sous la forme d'adjectif, celui qui a un air arsouille ressemble alors à une canaille. Le verbe pronominal s'arsouiller est synonyme de s'encanailler, c'est-à-dire mener une vie de débauche.
Figure pittoresque du Paris de la première moitié du XIXe siècle où luxe et plaisir côtoient misère et choléra, Milord l'Arsouille se plaît à défrayer la chronique. Au point que toutes les folies et tous les scandales du moment lui sont imputés. Dandy excentrique d'origine anglaise, fabuleusement riche, lord Seymour (alias Milord l'Arsouille) sait être extravagant, généreux et spirituel. Personnage original et complexe, les

multiples facettes de cet arsouille-là nourriron
l'imaginaire du Tout-Paris de l'époque.

Banquiste (n. m., XVIIIe s.).
Dans son premier sens, le mot s'appliquait aux
saltimbanques. Puis il s'attacha très vite au
monde du cirque et des forains pour définir
celui qui a pour fonction de vanter la qualité
— forcément exceptionnelle ! — du spectacle qu'il
convient de découvrir. Le banquiste devint alors
le frère jumeau du bateleur. Dans certains
contextes, il prit également une connotation
péjorative qui le rapprocha du charlatan.

Canaille (n. f. et adj., XVe s.).
L'image de l'individu malhonnête et sans scrupules qui colle à la peau de la canaille s'est
profondément atténuée avec le temps. Au point
que le mot véhicule désormais une franche
nuance de sympathie. Nous sommes bien loin
des premières notions qui dénotaient mépris et
vulgarité.
Aujourd'hui, le mot désigne un enfant déluré
et prend même une couleur affectueuse dans
une expression telle que : Vieille canaille !

Chaparder (v. tr., XIXe s.).
Sans vouloir excuser un geste répréhensible aux
yeux de la loi, reconnaissons qu'un garnement
qui chaparde ne commet pas un acte abomi-
nable. Il se contente de commettre de menus

larcins, de dérober des petits riens, souvent de la nourriture ou des objets de première nécessité pour son usage personnel.

Chenapan (n. m., XVIe s.).
Le terme emprunté à l'allemand *Schnapphahn* qui signifie voleur de grands chemins. Mais le chenapan appartient plutôt à la catégorie des maraudeurs qui se rendent coupables de petits délits. Dans une acception atténuée, le terme désigne un petit malin qui utilise la ruse pour tirer profit de la moindre situation.

L'immense foule qu'attire la venue de l'équipe de France de football permet aux chenapans de s'exprimer sans retenue.

Concussion (n. f., XVIe s.).
Un fonctionnaire qui abuse de son autorité pour percevoir une somme d'argent indue commet un acte de concussion. Sachant que ce pécule ne va pas dans sa poche mais dans celle de l'État, on peut considérer que cet agent public fait preuve d'un zèle excessif, voire maladif.

Coquin(e) (n. et adj., XIIe s.).
À l'origine, le coquin manquait de courage, de dignité, voire de loyauté. Et il ne dédaignait pas s'engager dans des actions méprisables. Dans le sens modéré que nous lui connaissons aujourd'hui, il se contente d'afficher malice et espièglerie. Mais il fait montre aussi parfois d'un penchant leste et grivois, nuance héritée d'une

époque où le mot coquine désignait une femme aguichante, voire une libertine. Aussi le coquin cherche-t-il encore à séduire. Notons également que l'amant d'une gourgandine (voir p. 232) s'appelait un coquin.

Par ailleurs, dans le langage des prisonniers, le terme désigne un délateur. Quant à l'expression être en coquine, elle signifie être homosexuel (fin XIXe s.). Enfin, on surnomme parfois le gendarme un chasse-coquin.

Écornifler (v. tr., XVe s.).
Le vagabond qui écornifle ici ou là commerçants et badauds au gré de ses pérégrinations parvient à se procurer un peu de victuailles et d'argent, par la ruse ou le vol. Il chaparde en furetant. Dans le langage populaire, l'écornifleur mange sans payer (le substantif devient ici synonyme de pique-assiette).

Faquin (n. m., XVIe s.).
Individu falot et insignifiant, le faquin n'en demeure pas moins agressif. Ses armes de prédilection : l'injure et l'impertinence.

Filou(te) (n., XVIe s.).
Voleur adroit et tout particulièrement rusé, le filou aime à élaborer d'ingénieux stratagèmes pour alléger la bourse de ses congénères. Bien qu'à l'évidence il soit tricheur et malhonnête,

la rouerie du filou lui vaut souvent la secrète admiration de ceux qu'il n'a pas détroussés.

En filou attentif, Robert ne s'attaque qu'à l'argent des bourgeois repus.

Forban (n. m., XVIe s.).
Brigand brutal, grossier et sans scrupules, le forban appartient à la famille des bandits prêts à tout pour parvenir à leurs fins. Autrefois, le forban était un pirate capable de monter à son unique profit une expédition armée sans avoir obtenu d'autorisation.

Fripouille (n. f., XVIIIe s.).
Adepte des trafics et malversations en tous genres, la fripouille se rangeait franchement du côté des crapules et des voyous véritables. Aujourd'hui, dans la conversation familière, le sens du mot s'est largement atténué et la fripouille du XXIe siècle ressemblerait plutôt au filou (voir p. 272). Par ailleurs, dans certains contextes, le mot a même acquis une connotation affectueuse. Par exemple, une mère attendrie dira à son bébé : « Oh ! tu es ma petite fripouille ! »

Gredin(e) (n., XVIIe s.).
Dans sa plus ancienne acception, le mot désigne un misérable ou un mendiant. Le sens a ensuite évolué vers la notion de personnage malhonnête, voire méprisable. Et si l'on a donc longtemps considéré le gredin comme un malfaiteur sans

envergure, il ressemblerait plutôt aujourd'hui à un malicieux chenapan.

Malandrin (n. m., XIVe s.).
Cette fois, nous sommes chez les caïds. En effet, le malandrin n'a rien d'un amateur désabusé et inoffensif. Voleur vagabond souvent dangereux, il agit toujours avec une réelle détermination, calculée et organisée.

Sacripant (n. m., XVIIIe s.).
Garnement mal intentionné, agressif et déterminé, le sacripant n'hésite pas à monter de mauvais coups en utilisant volontiers la violence.

Scélérat(e) (n. et adj., XVIIe s.).
À l'origine, cet individu peu recommandable ne rechignait pas à commettre des crimes. Par vengeance, sur commande ou pour voler. Même s'il continue de commettre des faits condamnables, la violence du scélérat s'est nettement estompée dans l'acception moderne.

Aller à l'arche (exp., XIXe s.).
L'arche en question vient ici du latin *arca*, qui signifie coffre ou armoire (XIIe s.). S'y ajoute une notion de secret qui donnera, trois siècles plus tard, le mot arcane. Les fripons, gredins et sacripants qui vont à l'arche cherchent de tous côtés à se procurer de l'argent. Et, bien sûr,

sans trop se fatiguer. Le plus simple en la matière consiste alors à trouver une armoire bien garnie.

Un chercheur de barbets (exp., XVIIe s.).
L'occupation d'un tel individu pourrait sembler fort curieuse quand on sait que le barbet désigne un chien, une espèce d'épagneul au poil frisé. Le mot s'utilise aussi comme adjectif (le caniche est un chien barbet).
En fait, le chercheur de barbets feint d'avoir perdu son clébard. L'énergumène profite alors de ce grossier subterfuge pour fureter aux abords des maisons et s'y introduire dès que possible dans le but de dérober de l'argent ou des objets de valeur.
Dans cette même catégorie des cambrioleurs de bas étage, le coupeur de bourses opte pour une technique plus offensive. Il immobilise sa victime et s'empare de sa bourse en en coupant les cordons. L'expression désigne aussi ceux qui utilisent leur arme tranchante pour sectionner une chaîne et subtiliser une montre, voire pour escamoter les boutons d'un vêtement.

Un chercheur de midi (exp., XVIIe s.).
Un enfant perdu, un débauché, un importun, un trouble-fête, un impertinent toujours prêt à déranger autrui, à troubler l'ordre en place et à chercher querelle : voilà le rapide portrait du chercheur de midi. Notre homme tourne clairement au voleur dans une expression très

proche où le « de » se transforme en « du ». Ainsi, le chercheur du midi s'introduit dans les demeures bourgeoises dès que les domestiques ont dressé le couvert. Son seul objectif : dérober de la nourriture. Il se distingue du vide-gousset ou du cambrioleur classique dans la mesure où il ne commet son forfait que pour assurer sa subsistance.

Un fendeur de naseaux (exp., XVIIe s.).
Nous sommes là dans le monde complexe et hiérarchisé des truands, coquins et autres malandrins. Et la richesse des multiples locutions imagées qui servent à les définir exprime les infinies nuances qui existent entre un gredin et un scélérat. Le premier, sorte de galopin maraudeur, donne dans le chapardage, la rapine et le menu larcin. Le second, vaurien brutal et agressif, navigue plutôt aux confins du banditisme, voire du crime organisé.
Ainsi, notre fendeur de naseaux n'hésite pas à donner du coup de poing, puisqu'il fend le nez de ses victimes pour leur dérober de l'argent ou des objets de valeur. Ce genre de fripouille fréquente sans nul doute le meneur d'ours (fripon porté sur la tromperie et le mensonge) ou le batteur de chemins (fainéant qui vole ici ou là sa pitance).
Mais tous ces filous ne s'aventurent pas sur les brisées du coupe-jarret. Car celui-ci emploie des méthodes plus expéditives, puisqu'il commet

volontiers ses méfaits en utilisant une arme (par exemple un couteau ou un poignard, suggérés par le verbe couper). Il ne va donc pas tergiverser et sera capable d'assassiner intrépides ou inconscients qui veulent l'empêcher d'accomplir son forfait.

Vulgarité

Un homme de porc et de bœuf (exp.. XVIIe s.). Nobles, aristocrates et notables de l'époque savourent des mets délicats composés de mouton, de volailles et de gibiers. Pour leur part, les humbles roturiers restent des hommes de porc et de bœuf. Cette allusion gastronomique caricaturale qualifie des personnages qui manquent d'élégance et qui vivent dans la vulgarité, à l'instar de leurs habitudes alimentaires considérées comme communes, voire grossières.

INDEX
DES MOTS
RARES ET CHARMANTS

A
Abot, 59
Aboucher, 176
Acariâtre, 62
Accagner, 62
Accointance, 16
Accoiser, 247
Accortise, 107
Accouer, 59
Acrimonie, 63
Adoniser, 32
Afféterie, 191
Agape, 149
Ahaner, 103
Aigrefin, 268
Aliboron, 123
Alléluia, 150
Alliciant, 227
Ambigu, 150
Aménité, 107
Amphigouri, 87

Apléter, 249
Apoco, 123
Apostiller, 88
Aquilon, 257
Arsouille, 269
Assoter, 18
Atrabilaire, 63
Attifer, 228
Attrape-minon, 119
Aubin, 60
Azur, 72

B
Bachelette, 79
Bagasse, 231
Baguenaude, 81, 158
Bagout, 177
Baisselette, 79
Balançoire, 239
Baliverne, 240
Balourd, 111

Index des mots rares et charmants

Bamboche, 155
Banquiste, 270
Baragouin, 178
Barbacole, 95
Barbon, 264
Barguigner, 117
Bas-bleu, 135
Battologie, 179
Bedon, 171
Bélître, 160
Bellâtre, 195
Bellot, 33
Benêt, 124
Berquinade, 88
Bêta, 123
Biberonner, 38
Bilieux, 63
Billevesée, 240
Birbe, 264
Blanchoyer, 72
Blandice, 228
Blèche, 139
Bobard, 161
Boit-sans-soif, 45
Bombance, 155
Bombe, 155
Bonace, 248
Boniface, 107
Boniment, 162
Borborygme, 46
Bougonner, 67
Bourdon, 251

Bravache, 195
Briffer, 151
Brimborion, 136
Bringue, 155
Brouhaha, 47

C

Cabalette, 171
Cacochyme, 226
Cacographe, 89
Cacophonie, 47
Cafeter, 253
Cafter, 253
Cafard, 252
Cagnarder, 175
Caillette, 179
Calancher, 165
Calembredaine, 241
Camouflet, 109
Canaille, 270
Cantate, 57
Cantilène, 57
Canule, 99
Capon, 187
Capricant, 15
Carabistouille, 162
Cascader, 209
Catimini, 51
Catin, 232
Cautèle, 218
Céladon, 73
Chafouin, 147

Index des mots rares et charmants

Chaparder, 270
Charivari, 47, 60
Chasse-cousin, 37
Chattemite, 120
Chenapan, 271
Chiquenaude, 109
Chocaillon, 43
Clabauder, 80
Clampin, 176
Clopiner, 176
Colas, 124
Comprenette, 124
Concussion, 271
Controuver, 163
Coqueter, 192
Coquin, 148, 271
Couard, 188
Coupe-jarret, 276
Crapoussin, 140
Crevaille, 151
Croquignole, 109
Cuistre, 196

D
Damoiseau, 196
Datisme, 179
Dauber, 75
Défroque, 258
Dégoiser, 180
Destrier, 60
Dilection, 18
Dindonner, 121

E
Ébaubi, 243
Ébaudir, 210
Écornifler, 272
Écrivailleur, 91
Égayer, 210
Élégie, 90
Embabouiner, 219
Embâter, 100
Emberlificoter, 220
Embobiner, 220
Emboiser, 220
Émerillonné, 266
Endêver, 64
Entourloupe, 221
Entrefesson, 71
Entregent, 17
Esbroufe, 197
Escobar, 121

F
Facétie, 149
Fadaise, 241
Fanfaron, 197
Fanfreluche, 136
Faquin, 272
Faribole, 241
Fat, 198
Félon, 247
Fesse-cahier, 94
Fesse-Mathieu, 26

Index des mots rares et charmants

Filou, 272
Forban, 273
Forfaiture, 247
Foucade, 54
Fourbe, 221
Fragrant, 173
Freluquet, 198
Fripon, 97
Fripouille, 273
Frisque, 267
Frusques, 259
Frusquin, 23
Fruste, 111

G
Gabegie, 105
Gaber, 211
Galantiser, 228
Galapiat, 111
Galéjade, 163
Galimafrée, 151
Galimatias, 88
Galope-chopine, 37
Galopin, 98
Gambiller, 77
Gandin, 198
Garance, 74
Gargouillis, 46
Garnement, 98
Gâte-papier, 90
Gâte-sauce, 152
Gaudir, 212

Gaupe, 232
Gausser, 212
Girie, 122
Girond, 34
Gobelotter, 37
Goberger, 152
Godan, 163
Godelureau, 199
Godiche, 124
Gogue, 152
Goguenard, 149, 213
Goguette, 213
Gougnafier, 112
Goujat, 112
Gourgandine, 232
Gourmade, 76
Gredin, 273
Grigou, 27
Grimaud, 91
Grincheux, 65
Gringe, 65
Grippe-sou, 28
Grisette, 232
Grison, 265
Grommeler, 67
Guenille, 259
Gueuleton, 155
Guigne, 146

H
Haillon, 259
Hardes, 260

Index des mots rares et charmants

Harpagon, 28, 29
Horion, 65
Houspiller, 65
Hurluberlu, 132

I
Imbriaque, 125
Impavide, 248
Irascible, 66

J
Jaboter, 180
Jactance, 181, 199
Janoterie, 125
Janotisme, 91
Jaspiner, 181
Jérémiade, 66
Jobard, 125
Jocrisse, 126

L
Lanterner, 25
Lanternerie, 182
Logorrhée, 182
Loquedu, 126
Lorette, 233
Loufoque, 132
Lubie, 54

M
Maboul, 134
Malandrin, 274
Malotru, 113

Marri, 253
Matamore, 200
Mate, 222
Mâtin, 113
Matois, 222
Maugréer, 67
Meneur d'ours, 276
Mignoter, 78
Mijaurée, 192
Minauder, 193
Mirliflore, 200
Morigéner, 67
Morose, 254
Motet, 58
Moult, 35
Mufle, 114
Munificence, 106
Musarder, 159
Muscadin, 200

N
Nasarde, 109
Nègre, 94
Niais, 126
Nigaud, 127
Nippe, 260
Nunuche, 124

O
Olibrius, 201
Oripeau, 261
Outrecuidant, 202

Index des mots rares et charmants

P

Pacant, 114
Palefroi, 61
Paltoquet, 115
Panader, 202
Pasquinade, 214
Passade, 55
Patelin, 122
Patrociner, 182
Pécore, 127
Pecque, 127
Pédant, 203
Penaud, 118
Pépier, 183
Péronnelle, 127
Persifler, 80
Picoler, 38
Pignocher, 153
Pignouf, 115
Pimbêche, 194
Pince-maille, 28
Pingre, 29
Pleure-misère, 29
Pleutre, 188
Pochard, 38
Poissard, 116
Poivrot, 39
Polisson, 98
Poltron, 188
Prolifique, 35
Prolixe, 36

Punais, 174
Pusillanime, 189

Q

Quinaud, 119
Quinteux, 68

R

Rabat-joie, 254
Radin, 29
Ragoter, 183
Ragougnasse, 154
Rapetassage, 92
Rapiat, 28
Rata, 154
Ratiociner, 184
Rebuffade, 85
Recru, 104
Revêche, 69
Ribaud, 40
Riboter, 40
Ribouldingue, 40
Rinceur de godets, 41
Ripaille, 155
Ripopée, 40, 93
Robin, 203
Rocambole, 31
Rodomont, 204
Rogaton, 32
Rognonner, 67
Ronchon, 63
Roquentin, 204

Index des mots rares et charmants

Roublard, 223
Rouerie, 223
Rustre, 116

S
Sabouler, 69
Sacripant, 274
Salmigondis, 93
Sapajou, 140
Saturnien, 254
Saute-ruisseau, 99
Scélérat, 274
Sécheron, 145
Sémillant, 268
Soiffard, 41
Soiffeur, 42
Soliloque, 184
Sornette, 242
Sot-l'y-laisse, 156
Soufflet, 109
Spleen, 255

T
Taciturne, 255
Tancer, 66
Tapiner, 234
Tapinois, 51
Tartouillade, 82
Tautologie, 178
Teinturier, 94
Tintamarre, 48
Tintinnabuler, 49
Tintouin, 49
Tocade, 55
Tocard, 128
Tohu-bohu, 50
Tortille, 159
Tracassin, 242
Tribade, 118
Turlupinade, 215
Turlutaine, 58

U
Ubéreux, 36

V
Vairon, 74
Valétudinaire, 227
Vaticiner, 185
Velléitaire, 118
Vertigo, 56
Vespérie, 96
Vide-gousset, 276

Z
Zéphyr, 257
Zézayer, 185
Zigoto, 217
Zigouiller, 166
Zinzolin, 75
Zoïle, 95

INDEX DES EXPRESSIONS

A

Abbaye des s'offre-à-tous, 235
Aboyer contre la lune, 251
Adressez ailleurs vos offrandes, 85
Aimer une chèvre coiffée, 229
Aller à la chasse avec un fusil de toile, 160
Aller à l'arche, 274
Aller à la retape, 236
Aller au persil, 236
Aller clopin-clopant, 176
Aller du grenier à la cave, 15
Allonger le compas, 159
Allonger le parchemin, 186
Un amoureux de Carême, 245
Apprendre à sa mère à faire des enfants, 204
Asphyxier le pierrot, 41
Astiquer ses flûtes, 77
Avaler son bulletin de naissance, 170
Avoir du foin dans ses bottes, 23
Avoir la gueule comme une écumoire, 141

Index des expressions

Avoir le béguin à l'envers, 20
Avoir le béguin pour quelqu'un, 19
Avoir les abattis canaille, 249
Avoir les oreilles bien longues, 237
Avoir les paupières en capote de fiacre, 141
Avoir l'esprit aux talons, 100
Avoir les talons courts, 237
Avoir les yeux en lanternes de cabriolet, 142
Avoir l'œil en tirelire, 22
Avoir maille à partir, 70
Avoir un nez à camouflets et à nasardes, 110
Avoir un nez de betterave, 42

B

Un baron de la Crasse, 225
Batteur de chemins, 276
Battre la chamade, 20
Battre les buissons pour qu'un autre prenne les oiseaux, 251
La bécasse est bridée, 129
Brave comme un bourreau qui fait ses Pâques, 261
Brave comme un lapin écorché, 263

C

C'est le diable à confesser, 83
Chanter pouilles, 64
Un chauffe la couche, 61
Un chercheur de barbets, 275
Un chercheur de midi, 275
Se coiffer d'une femme, 19
Un compliment de la place Maubert, 229
Compter ses écus, 239
Connaître le journal, 156

Index des expressions

Un coupeur de bourses, 275
Une cousine de vendange, 42
Une crème fouettée, 205
Crier famine sur un tas de blé, 29
Croquer le marmot, 25
Crotté comme un archidiacre, 225

D

Décoiffer la bouteille, 43
Déloger sans trompette, 86
Déménager à la cloche de bois, 52
Un dépendeur d'andouilles, 146
Dès le potron-jacquet, 246
Discourir des fiançailles de ses grands-mères, 186
Donner dans l'œil, 20
Donner de la grosse caisse, 205
Donner deux jambons pour une andouille, 238

E

Écurer son chaudron, 187
Une enseigne à bière, 142
Envoyer au bain, 86
Envoyer au diable, 86
Envoyer au peautre, 87
Envoyer aux pelotes, 86
Envoyer dinguer, 86
Envoyer paître, 86
Épouser la camarde, 169
Estropier un anchois, 156
Être aises comme rats en paille, 157
Être au royaume des taupes, 166
Être collet monté, 194

Index des expressions

Être comme une soupe au lait, 66
Être du bois dont on fait les flûtes, 108
Être en coquine, 118
Être la coqueluche de quelqu'un, 21
Être un chaud lambin, 245
Être un lustucru, 130

F

Faire cul bas, 238
Faire des simagrées, 195
Faire des yeux de merlan frit, 22
Faire deux morceaux d'une cerise, 137
Faire le coq de la paroisse, 230
Faire le faraud, 206
Faire un effet d'ivoire, 217
Faire voir la lune en plein midi, 164
La farce est jouée, 166
Un fendeur de naseaux, 276
Fermer le pébroc, 170
Frapper à la porte d'un trépassé, 251

G

Gracieux comme un fagot d'épines, 71
Un grand flandrin, 145
Gueux fieffé, 161

H

Un homme de porc et de bœuf, 277
Une hirondelle de Grève, 190
Une hirondelle de potence, 191
Un hussard de la guillotine, 191

Index des expressions

I
Il a tiré le rideau, 166
Il écorcherait un pou pour en avoir la peau, 29
Il mange les salades par le trognon, 166
Il ne mangera plus de pain, 166
Il s'en est allé comme une chandelle, 166
Il vaut mieux allonger le bras que le col, 161

J
Jouer au reversis, 238
Jouer de la prunelle, 22

L
Laissez faire à Georges, c'est un homme d'âge, 265

M
Manger la grenouille, 24
Un marchand de lacets, 191
Marcher des épaules, 206
Mettre la table pour les asticots, 170
Mordre à la grappe, 24

N
Ne battre que d'une aile, 167

P
Perdre le goût du pain, 167
Un père Labutte, 43
Péter plus haut que le cul, 207
Le petit métier, 238

Index des expressions

Plumer le perroquet, 44
Prendre un coup de bouteille, 44

Q
Qui lui piquerait la peau, il n'en sortirait que du vent, 207
Qui se fait brebis, le loup le mange, 106

R
Raconter des craques, 165
Ramasser ses outils, 170
Remercier son boulanger, 167
Remiser son fiacre, 170
Rendre le cimetière bossu, 169
Rendre sa clef, 170
Rendre son permis de chasse, 170
Rentrer les pouces, 168
Rester sur le rôti, 158
Rire comme un peigne, 218
Rire du bout des dents, 218

S
Sac à vin, 45
Se croire le premier moutardier du pape, 208
Se sauver par le cul de sa bourse, 30
S'habiller de sapin, 169
Sot comme un panier, 131
S'y entendre comme à ramer des choux, 132

T
Tirer sa poudre aux moineaux, 250
Tomber à l'envers, 238
Tondre sur un œuf, 137

Tous les renards se trouvent chez le pelletier, 170
Tranquille comme Baptiste, 248
Travailler comme un cogne-fétu, 250
Trembler le grelot, 189
Tromper la calebasse, 45
Un trente-six côtes, 146

V
Un vieux papillon, 231
Le vin de l'étrier, 46
Vivre des jours filés d'or et de soie 25

BIBLIOGRAPHIE

Alletz Pons-Augustin, *Dictionnaire des richesses de la langue françoise et du néologisme qui s'y est introduit* (1710).
Augé Claude, *Nouveau Larousse illustré* (1898).
Bayle Pierre, *Dictionnaire historique et critique* (1697).
Bescherelle Louis-Nicolas, *Dictionnaire national ou dictionnaire universel de la langue française* (1856).
Bloch et Wartburg, *Dictionnaire étymologique de la langue française*, PUF (1968).
Carpentier Nicolas-Joseph, *Dictionnaire du bon langage* (1860).
Cellard Jacques et Rey Alain, *Dictionnaire du français non conventionnel*, Hachette (1980).
Delvau Alfred, *Dictionnaire de la langue verte* (1867).
Delvau Alfred, *Dictionnaire érotique moderne* (1850).
Desgranges, *Petit dictionnaire du peuple, à l'usage des quatre cinquièmes de la France* (1821).
Duchesne Alain et Leguay Thierry, *L'Obsolète*, Larousse (1988).
Duneton Claude, *La Puce à l'oreille*, Stock (1978).

Bibliographie succincte

Duneton Claude en coll. avec Sylvie Claval, *Le Bouquet des expressions imagées*, Le Seuil (1990).

Esnault Gaston, *Dictionnaire historique des argots français*, Larousse (1985).

Féraud Jean-François, *Dictionnaire critique de la langue française* (1787).

Furetière Antoine, *Essais d'un dictionnaire universel* (1684 et 1685).

Furetière Antoine, *Dictionnaire universel* (1690).

Furetière Antoine, *Dictionnaire des Halles* (1696).

Godefroy Frédéric, *Dictionnaire de l'ancienne langue française et de tous ses dialectes du IXe au XVe siècle* (1881-1902).

Grandjean Louis-Marius-Eugène, *Dictionnaire des locutions proverbiales* (1899).

D'Hautel, *Dictionnaire du bas langage* (1808).

Hayard Léon, *Dictionnaire d'argot français* (1907).

La Châtre Maurice, *Nouveau dictionnaire universel* (1865).

Lacotte Daniel, *Les Mots célèbres de l'Histoire*, Albin Michel (2003).

Lacotte Daniel, *Les Mots canailles*, Albin Michel (2005).

Larchey Lorédan, *Les Excentricités du langage français* (Éd. de 1861, 1862, 1865).

Larchey Lorédan, *Dictionnaire de l'argot parisien* (1872).

Larchey Lorédan, *Nouveau supplément du dictionnaire d'argot* (1889).

Laveaux Jean-Charles, *Nouveau dictionnaire de la langue française* (1828).

Laveaux Jean-Charles, *Dictionnaire raisonné des difficultés grammaticales et littéraires de la langue française* (1846).

Ménage Gilles, *Dictionnaire étymologique de la langue françoise* (1750).

Littré Émile, *Dictionnaire de la langue française* (1863-1878).

Molard Étienne, *Dictionnaire grammatical du mauvais langage* (1805).

Oudin Antoine, *Curiositez françoises* (1640).

Platt L., *Dictionnaire critique et raisonné du langage vicieux ou réputé vicieux* (1835).

Quitard Pierre-Marie, *Dictionnaire étymologique, historique et anecdotique des proverbes et des locutions proverbiales de la langue française* (1842).

Rey Alain et Chantreau Sophie, *Dictionnaire des expressions et locutions figurées*, Le Robert (1979).

Richelet Pierre, *Dictionnaire françois contenant les mots et les choses* (1680).

Richelet Pierre, *Dictionnaire de la langue françoise ancienne et moderne* (1732).

Robert Paul, *Le Grand Robert de la langue française* (1985, éd. revue et enrichie par Alain Rey).

Rochefort César (de), *Dictionnaire général et curieux* (1685).

Dictionnaires

Dictionnaire d'argot, ou guide des gens du monde, pour les tenir en garde contre les mouchards, filous, filles de joie..., par un monsieur comme il faut, ex-pensionnaire de Sainte-Pélagie (1827).

Nouveau dictionnaire d'argot suivi de la chanson des galériens rapportée dans ses mémoires, par un ex-chef de brigade sous M. Vidocq (1829).

Dictionnaire complet de l'argot employé dans les « Mystères de

Paris », recueilli par M.D. d'après les renseignements donnés par un ex-surveillant de la Roquette et un ancien garde chiourme du bagne de Brest (1844).

Littérature
Ceux qui apprécient le langage imagé pourront lire ou relire : Henri Barbusse, Maurice Barrès, Georges Bernanos, Léon Bloy, Francis Carco, Louis-Ferdinand Céline, Blaise Cendrars, Georges Duhamel, Léon-Paul Fargue, Paul Fort, Jean Genet, Maurice Genevois, Jean Giono, Edmond et Jules de Goncourt, Georges Huysmans, Alfred Jarry, Jules Laforgue, Valery Larbaud, Lautréamont, Paul Léautaud, Pierre Mac Orlan, Stéphane Mallarmé, François Mauriac, Paul Morand, Benjamin Péret, Jacques Prévert, Raymond Queneau, Jean Richepin, Romain Rolland, Jules Romains, Jules Supervielle.
Cette liste ne se veut bien évidemment pas exhaustive, mais j'ai puisé chez ces auteurs moult mots rares et charmants qui figurent dans le présent ouvrage.

DU MÊME AUTEUR
(Ouvrages récents)

Aux Éditions Albin Michel
Milord l'Arsouille, 1989.
Les Mots célèbres de l'Histoire, 2003.
Le Pourquoi du Comment 1, 2004.
Les Mots canailles, 2005.
Le Pourquoi du Comment 2, 2006.

Chez d'autres éditeurs
Les Conquérants de la Terre Verte, Hermé, 1985.
Danton, le Tribun de la Révolution, Favre, 1987.
Raimu, Ramsay, 1988.
Erik le Viking, Belfond, 1992.
Danse avec le diable, Hachette Littératures, 2002.
Les Mystères du chat, France Loisirs, 2003.

Nombreux textes publiés dans *L'Humour des poètes* (1981), *Les Plus Beaux Poèmes pour les enfants* (1982), *Les Poètes et le rire* (1998) et *La Poésie française contemporaine* (2004) et parus chez Le Cherche Midi Éditeur. Et dans *Le Français en 6ᵉ*, collection à suivre, Belin, 2005.

Ouvrage publié sous la direction de Laure Paoli

Conception graphique : Stéphanie Le Bihan
Composition : IGS

Éditions Albin Michel
22, rue Huyghens, 75014 Paris
www.albin-michel.fr

Impression : CPI Bussière
Reliure Pollina

ISBN : 978-2-226-17924-1
N° d'édition : 25780
Dépôt légal : octobre 2007
N° d'impression : 090149/1
Imprimé en France